前田信弘 著
葛城かえで シナリオ制作
たかみね駆 作画

マンガでやさしくわかる
会社の数字
Company in Figures

日本能率協会マネジメントセンター

はじめに──なぜ会社の数字が大事なのか？

ビジネスの世界には数字があふれている

　会社で仕事をしていると、日々、さまざまな場面で**数字**を目にすることでしょう。身近な領収書や伝票、受発注書、営業報告書などの数字から、会社の状態や成績を知るために欠かせない決算書の数字、ニュース・新聞から流れてくる景気、株価、為替の数字…など、ビジネスの世界には数字があふれています。

数字が具体性と客観性を生む

　それでは、なぜこれらは**数字**で表されているのでしょうか？

　それは数字で見ることによって、一目瞭然、だれが見てもわかりやすく、内容が明確になるからです。数字を使うことによって、**具体的**になり、**客観的**に理解することができるからです。ですからビジネスでは、さまざまな事柄が数字で表されるのです。

　たとえば、「あの会社は、最近、調子がいい」などといった表現はとてもあいまいなものです。最近というのは、いつからなのか？　また調子がよいというのは、何と比べ、どのくらいよいのか？　つまり客観性と具体性に欠けているのです。
「３カ月連続で毎月の売上高が5,000万円を超え、前年同月比で150％となっている」というように数字を用いれば、具体的かつ客観的に説明できます。

　ビジネスの世界では、数字は一種の共通言語ともいえます。ですから自分の仕事の数字のことはもちろん、会社全体の数字や会社にかかわるさまざまな数字の意味や見方を理解することはとても大事なことです。そして会社の数字を意識して、日々の仕事に取り組むことがビジネスパーソンには求められるのです。

　本書を通して、会社の数字の意味や見方の基本を、楽しく理解していただけたら幸いです。

前田信弘

マンガでやさしくわかる会社の数字　目次

はじめに …… 3

Part 1

会社のもうけ —利益とコストの数字—

Story 1 大根の値段 …… 8

01 会社の目的とは何か？ …… 22
02 会社はどのように利益を生み出すのか？ …… 23
03 「コスト」とは何か？ …… 25
04 「コスト」にはどのようなものがあるのか？ …… 28
05 製造業の「原価計算」はどのようなしくみなのか？ …… 29
06 「原価計算」はどのように行うのか？ …… 31
07 商品の価格はどのように決まるのか？ …… 33
08 たくさん売ればたくさんもうかるのか？ …… 35
09 なぜセット販売を行うのか？ …… 38
10 会社のもうけは給与どのように反映するのか？ …… 40

確認問題 I …… 42

Part 2

会社の成績 —決算書の数字—

Story 2 成績を上げるには… …… 44

01 会社数字の基本、「決算書」とは何か？ …… 64
02 貸借対照表によって何がわかるのか？ …… 66
03 貸借対照表のしくみと中身は？ …… 68
04 掛け取引とはどのようなものか？ …… 71
05 得意先の倒産などに備えるためにはどうするのか？ …… 72
06 100万円の車は1年後も100万円の価値があるだろうか？ …… 73
07 損益計算書によって何がわかるのか？ …… 74

08 損益計算書の５つの利益とはどのようなものか？① …… 76

09 損益計算書の５つの利益とはどのようなものか？② …… 78

10 貸借対照表を見てみよう …… 80

11 損益計算書を見てみよう …… 81

確認問題Ⅱ …… 82

Part 3

会社の在庫とお金 ── 在庫管理とキャッシュフローの数字 ──

Story 3 不良在庫はどっち？ …… 84

01 なぜ「在庫」の管理は重要なのか？ …… 104

02 「不良在庫」の何が不良なのか？ …… 106

03 在庫管理の「ABC分析」とは何か？ …… 108

04 会社は黒字でも倒産することがあるのか？ …… 110

05 なぜ資金繰りが大事なのか？ …… 112

06 なぜキャッシュフロー計算書を作成するのか？ …… 114

07 キャッシュフロー計算書はどのように見るのか？ …… 116

08 小切手とはどのようなものか？ …… 118

09 手形とはどのようなものか？ …… 120

確認問題Ⅲ …… 122

Part 4

会社の経済環境 ── 景気・物価・金利と株式の数字 ──

Story 4 売れないのは誰のせい？ …… 124

01 景気がよい、景気が悪いとはどういうことか？ …… 144

02 景気はなぜ変動するのか？ …… 146

03 景気と物価はどう関係しているのか？ …… 148

04 金利とは何か？ …… 150

05 利息はどのように計算するのか？ …… 151

06 景気が金利にどう影響を与えるのか？ …… 153

07 景気の状態を知るためには？① …… 154

08 景気の状態を知るためには？② …… 156

09 物価の動向を知るためには？ …… 158

10 日本銀行はどのような銀行なのか？　その役割は？ …… 160

11 そもそも円高・円安とは何か？ …… 162

12 円高・円安はどのような影響を及ぼすのか？ …… 164

13 株式とは？　株式会社のしくみとは？ …… 166

14 株主にはどのような権利があるのか？ …… 168

15 なぜ株価は上がったり下がったりするのか？ …… 170

16 株式の投資指標にはどのようなものがあるのか？① …… 172

17 株式の投資指標にはどのようなものがあるのか？② …… 174

18 会社はどのように資金調達するのか？ …… 176

確認問題Ⅳ …… 178

Part 5

会社の分析 —経営分析の数字—

Story 5 **数字が見せてくれること** …… 180

01 なぜ経営分析が必要なのか？ …… 200

02 会社の収益性の分析とは？①　もうける力があるか？ …… 202

03 会社の収益性の分析とは？②　資本を効率よく使っているか？ …… 204

04 会社の収益性の分析とは？③　資本を有効活用しているか？ …… 206

05 会社の安全性の分析とは？①　短期的に安全か？ …… 208

06 会社の安全性の分析とは？②　長期的に安定しているか？ …… 210

07 会社の安全性の分析とは？③　会社は安全・安定しているか？ …… 212

08 会社の成長性の分析とは？　会社は成長しているのか？ …… 214

09 会社の生産性の分析とは？　資源を有効活用しているのか？ …… 215

10 損益分岐点分析とは？①　どれだけ売ればもうかるのか？ …… 216

11 損益分岐点分析とは？②　どうすれば、もっともうかるのか？ …… 220

確認問題Ⅴ …… 222

Epilogue **ここが目標** …… 224

見てみよう！　ニッコリスーパーの決算書の数字 …… 230

Part 1
会社のもうけ
―利益とコストの数字―

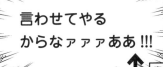

01 会社の目的とは何か?

⇒ そもそも会社の目的とは?

そもそも会社とは何をするところなのでしょう? また会社の目的とは何でしょう?

この問いの答えはいろいろあって、難しい問題ですが、会社は「**もうけ**」を生み出すところ、というのが1つの答えといえるでしょう。

世の中にはさまざまな会社がありますが、どの会社も基本的にはもうけを生み出すために事業を行っています。別の言い方をすると、会社の目的は「**営利の追求**」となります。

仮に会社が「もうけ」を生み出さないとどうなるでしょう?

毎月もらっているあなたの給料も、会社の「もうけ」が分配されているようなものなのです。ですから、会社が「もうけ」を生み出さなければ、給料だってもらえなくなるわけです。

ますは、「会社はもうけを生み出すところ」。この点を押さえておきましょう。

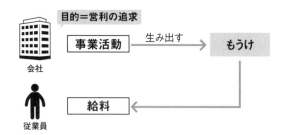

Advice

会社の目的とは何か? に対しては、いくつかの答えが出てくる。ただし、会社、株式会社の目的は「営利の追求」、つまり「もうけ」を出すことが基本だ。また、もうけ(利益)を獲得することは会社の前提、会社存続の条件だという考え方もある。

そして、会社の目的という場合、その会社の事業目的を指すことも多い。「〇〇の企画・製造・販売」などのようなものだ。さらには、社会貢献等も会社の目的の一つといえる。

02 会社はどのように利益を生み出すのか？

⇨ トマト1個をいくらで販売するのか？

　会社が生み出すもうけのことを**利益**といいます。まずは利益とは大雑把にもうけのことだと押さえておきましょう。

　それでは、この利益はどのようにして生み出されるのでしょうか？

　利益を生み出すしくみを大きくとらえると、とてもシンプルです。たとえば、トマトを販売するという簡単な例で考えてみましょう。

⇨ 利益を生み出すしくみ

　1個30円で仕入れてきたトマトを30円で販売するでしょうか。30円で仕入れて30円で売ってももうけが出ません。つまり利益はゼロです。厳密にいうとマイナスとなります。ですから、30円以上、たとえば50円で販売します。すると差額が20円。これが利益です。

　モノを作る製造業であっても基本的には同じしくみです。30円かけて1個の製品を作り、それを50円で売ります。やはり差額が20円。これが利益となるのです。そしてこれが利益を生み出すしくみなのです。

　これをお金の流れで見ていくと、収入（入ってくるお金）から支出（出ていくお金）を差し引いて残ったのが利益となります。つまり「**収入－支出＝利益**」の関係なのです。

　会社が事業活動を行うことによって入ってくるお金。そして会社から出ていくお金。この差額が会社の利益というわけです。会社の数字を理解するうえでこの関係はとても大事なことです。シンプルかつ簡単なこの関係をまずは押さえておきましょう。

10万円 － 9万円 ＝ 1万円…利益

⇒「売上－コスト＝利益」という関係

　会社の利益について、もう少し話を進めていきましょう。

　会社にお金が入ってくる場合、これを通常、**売上**といいます。そして、事業活動に必要な支出のことを**コスト**といいます。

　また、トマトを販売する例で考えてみましょう。

　1個30円のトマトを10個仕入れてきます。そして、そのトマトを1個50円で10個販売します。

　300円で仕入れ、500円で販売したので、差額は200円です。つまり、利益は200円ということになります。先ほど見た関係です。

500円 － 300円 ＝ 200円…利益

　そして、この300円をコスト、500円を売上といいます。
　あらためて、計算式で表すと次のようになります。

売上 － コスト ＝ 利益　これは基本かつ重要な計算式

　会社が事業活動を行い、売上を上げます。つまりお金が入ってきます。ただし、そのためにはコストという支出が伴います。そして、売上からコストを差し引いたものが利益となるという関係です。

03 「コスト」とは何か？

⇨ 事業活動で生じる費用すべてがコストとなる

　いま、ざっくりと利益とコストの関係についてみてきましたが、コストという用語はさまざまな場面で使われます。ですから、聞いたことがある人も多いはずです。そこで、コストについてもう少し詳しく説明していきましょう。

　トマトを仕入れて販売するという単純な例を見てきました。そこで疑問を持った人もいるかもしれません。

　トマトを仕入れて販売するためには、トマトを仕入れてくる代金以外にもお金がかかるのではないか？ということです。トマトを販売するためには、販売する店舗が必要です。ネット通販であれば店舗はいりませんが、手数料のほかにさまざまな支出が伴います。包装用の資材なども必要です。場合によってはアルバイトを雇わなければならないかもしれません。つまり、トマトを仕入れてくるお金以外にもさまざまな支出があるのです。別の言い方をすると、事業活動を行うには、いろいろな費用がかかるといえます。これら事業活動で生じる費用すべてがコストとなるのです。

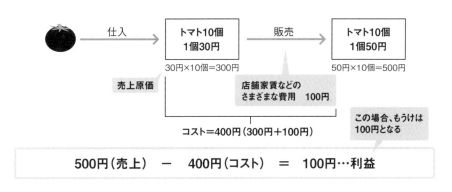

⇨ もう一つのキーワード「原価」

　コストに関連して、もう一つキーワードがあります。それは「原価」です。ビジネスでは、費用と同じような意味で原価という言葉をよく使います。

また、トマトの例で話を進めていきましょう。
　トマトの売上500円に対する元の値段は300円です。この300円にあたるものを**売上原価**といいます。また、この例のような小売業などの場合、仕入れてきたものを売るわけですが、仕入れてきた元の値段、300円のことを**仕入原価**といいます。つまり、小売業の場合は、「売上原価＝仕入原価」となるのが基本です。

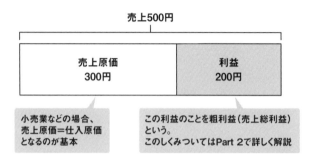

　売上を上げるために販売した商品の原価なので、売上原価と理解しておきましょう。そして、売上から売上原価を差し引いたものを**粗利益（売上総利益）**といいます。実は利益にはいくつもの種類があるのですが、利益の種類についてはPart 2で詳しく触れることにします。

$$売上高 － 売上原価 ＝ 粗利益$$

　商品を販売するためには、売上原価以外にも費用がかかることは先ほど見たとおりです。店舗の家賃や、その他販売にかかるさまざまな費用もコストです。用語の使い方にはいくつかありますが、本書では「原価」とさまざまな費用をあわせたものを「コスト」と呼ぶことにします。

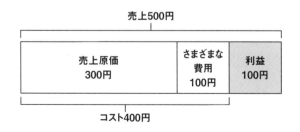

⇨ 製造業の場合は？

いままで小売業を例にコストについて説明してきましたが、製造業の場合は少し異なります。仕入れてきたものを売るわけではないからです。

製造業の売上原価は**製造原価**ともいいますが、モノを製造する過程でさまざまな費用が発生します。

たとえばトマトからトマトケチャップを製造するとします。

原材料であるトマトはもちろん、工場で働く人の人件費、電力費・水道代などいろいろな費用がかかります。

原材料費

人件費

電力費・水道代

商品

そこで、製造業では製造原価を計算しなければなりません。ただし、この計算はかなり複雑です。あとで基本的なしくみを簡単に説明しますが、とりあえず製造業では製品の製造にかかわった費用すべてが売上原価となり、小売業では仕入原価が売上原価となると押さえておきましょう。

・製造業の場合

> 売上原価（製造原価）　→　製品の製造にかかわった費用すべて

・小売業の場合

> 売上原価　→　仕入原価

Advice

コストや原価などの用語。さまざまな場面で使われ、言葉の使い方もいろいろある。「コスト＝原価」とする場合もある。また、売上原価とさまざまな費用をあわせて「総コスト」や「総原価」と呼ぶこともある。ただ、ここでは用語の定義よりも、「売上、コスト、利益の関係」をつかんでもらいたい。

04 「コスト」にはどのようなものがあるのか？

販売・管理のための費用が「販売費及び一般管理費」

　会社の事業活動で生じる費用すべてがコストなることは、すでに説明したとおりです。売上原価のほか、家賃その他販売にかかるさまざまな費用もコストとなります。

　では、コストの中でもっとも大きなウェートを占めるのは何でしょうか？

　それは、トマトの販売の例でわかるように、売上原価です。売上原価がコストの大もとといえます。

　そして、売上原価以外のコスト、商品を販売するためのさまざまな費用、また会社の事業活動を管理するための費用を**販売費及び一般管理費**といいます。大雑把に経費と呼ばれたりするものです。販売する人の給料、店舗の家賃、交通費、広告費、通信費、水道光熱費などです。商品を販売するためには、これら「販売費及び一般管理費」が必要なのです。

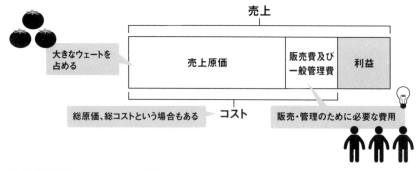

※販売費…販売活動などに使った費用。営業部門などで生じる広告宣伝費、販売促進費、販売手数料、荷造費、運搬費、保管費、人件費など
※一般管理費…会社を管理運営するために使った費用。総務部や人事部などで生じる人件費、福利厚生費、家賃、通信費、水道光熱費、消耗品費、租税公課（税金等）、保険料など。

Point　製造にかかわるものは除いて人件費も販売費及び一般管理費に含まれる。つまり、毎月もらう給料もコストというわけだ。コストを意識する第一歩。自分の給料もコストだということは、ぜひ頭に置いておきたい。

05 製造業の「原価計算」はどのようなしくみなのか？

⇒ 原価を「モノ」「人」「その他」に分ける

　商品を製造するためにかかった費用を製造原価といいますが、製造原価の計算は複雑になっています。製造業では、さまざまな材料を購入し、その材料に加工を施して商品として完成させるという複雑な工程を経ているからです。ここでは、まず基本的なところを説明していきましょう。

　製造原価を計算するためには、原価を「モノ」「人」「その他」の3つ（**3要素**）に分けて考えます。

モノ	… **材料費**（商品を作るために必要な材料費）
人	… **労務費**（商品を作る人にかかった費用（給料など））
その他	… **経費**（モノ、人以外にかかった費用。電気、ガス代等の光熱費など）

⇒ 原価を直接費と間接費に分ける

　1つの商品だけを製造しているのであれば、原価の3要素に分けるだけで、商品の原価を把握することができます。しかし複数の商品を扱っている場合は、複数の商品にまたがって消費される費用があるため、原価の3要素だけでは正しい原価計算は行えません。

　そこで材料費、労務費、経費を、さらにその商品を製造するためだけに発生したことが明らかな費用と、複数の製品に使用され、どの商品を製造するのに発生したのか特定できない費用とに分けていきます。

　たとえばトマトケチャップを製造する場合、トマトという材料費、ケチャップ製造担当者の人件費については、ケチャップ1本当たりの製造原価を把握することができます。しかし、工場で使用した水道代や電気代などは、

Part 1　会社のもうけ——利益とコストの数字　29

通常、ほかの商品をするのにも使われています。ですからケチャップ1本当たりの使用量を明確に把握することは困難です。

このように2種類以上の商品を製造している場合には、商品ごとに分けにくい原価が発生するのです。

そこで、製造原価を**直接費**と**間接費**に分けるという考え方を用います。

直接費とはそれぞれの商品にいくら使われたのかが直接的にわかる費用のことです。間接費とはそれぞれの商品にいくら使われたのかはっきりわからないので、間接的に把握する費用のことです。

製造原価は次の図のように材料費、労務費、経費の3要素に分けることができ、さらにそれぞれ直接費と間接費に分けることができるのです。

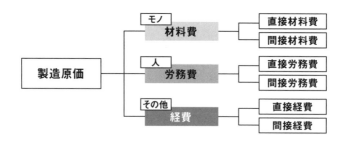

> **Point**
> このように分けることによって、商品1個当たりの原価を詳しく分析することができるようになる。
> 次に原価計算のしくみを簡単に紹介しよう。

06 「原価計算」はどのように行うのか?

⇨ 原価計算の基本的なしくみ

　商品を1つ製造するのに、いくらかかるのかを計算することを原価計算といいます。すでに触れましたが、原価計算はかなり複雑なものなので、ここでは基本的な計算のしくみを説明しておきましょう。

　製造業の生産形態には、**大量生産**と**受注生産**とがあります。大量生産とは、これだけ売れるだろうという予測をもとに、同様のモノを大量に製造する形態です。それに対して、受注生産とは、顧客からの注文に応じて1つずつ製造する形態です。

⇨ 大量生産の場合

　大量生産の場合の製造原価は、同じ商品であれば同じ金額になるはずです。そこで各商品を製造するのに使用した材料費、労務費、経費を記録しておき、その金額を生産した量で割ることによって、1つ当たりの製造原価を求めます。このような原価計算を**総合原価計算**といいます。

・総合原価計算…大量生産の製品の場合

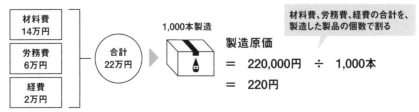

⇨ 受注生産の場合

　受注生産の場合の製造原価は、商品1つずつで変わってきます。注文の内容によって材料や作業の量などが違ってくるからです。
　そこで、製造した商品ごとに材料費、労務費、経費を計算し、それを最後に集計して原価を求めます。このような原価計算を**個別原価計算**といいます。

・個別原価計算…受注生産の製品の場合

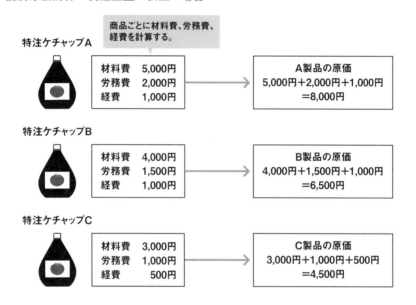

　製造原価が明らかになったら、その商品の販売価格を設定します。原価に利益などをプラスして販売価格を決めますが、販売価格については次に詳しく見ていきます。

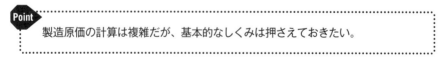

製造原価の計算は複雑だが、基本的なしくみは押さえておきたい。

07 商品の価格はどのように決まるのか？

⇒ 基本的な価格設定の方法

　商品の価格の決め方は、小売業などでは、仕入れてきた商品価格である仕入原価に一定の利益を加えたものとするのが基本といえます。製造業では、商品を作るためにかかった費用＝製造原価に一定の利益を加えたものとなります。もっと簡単にいえば、その商品を手に入れるためにかかった金額に、もうけをプラスしたものが商品の価格というわけです。これは利益のしくみで説明した関係です。

　小売業のケースで話を進めていきますが、商品を仕入れてから販売するまでには、広告費や人件費、店舗家賃などのさまざまな費用がかかることは説明しました。そこで、その他のコストも商品の価格に含めなければなりません。この価格設定の方法を**コスト・プラス法**といいます。

・商品の価格設定…小売業などのケース

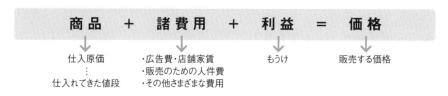

Advice
小売業などでは、この価格の決め方をマークアップ法ともいう

⇒ 価格はこうして決まる

　この商品の価格設定について、小売業の例で考えてみましょう。
　たとえば、あるワインを1本2,000円で仕入れたとします。さまざまなコストが300円かかり、500円の利益を上乗せすると、販売価格は次のようになります。

販売価格 → 2,000円 + 300円 + 500円 = 2,800円
仕入原価　さまざまなコスト　利益　商品の価格

> **Point**
> 商品の価格は、実はそう簡単に決められるものではないことに注意したい。コスト・プラス法は、あくまで売る側の都合で価格を設定するものだ。買う側がその価格をどう思うかについても考えなければならない。そこに価格設定の難しさがある。

⇒ さまざまな要因を考慮して価格を設定

　価格は、コスト・需要・競争などの要因を考慮して決定しなければなりません。いま見てきたコスト・プラス法は、コストに利益を上乗せする単純な価格の決め方であり、売り手の都合による価格といえます。

　価格を決める際には、買う側からも考える必要があります。買う側、つまり消費者が「この商品がいくらだったら買ってもよいと思うか?」という点から価格を決める方法もあるのです。消費者の立場に立った価格の決め方であり、需要を要因としたものです。

　また、競争店の価格をもとに値段を決める方法もあります。簡単にいうと、ライバル店よりも安い価格に設定し、競争に負けないようにするものです。

・価格設定の方法

> **Advice**
> 価格のつけ方にもいろいろあり、よく知られているものに「端数価格政策」がある。298円、99円などのように価格の末尾に8や9をつけて安い印象をもたせるものだ。また、100円均一など同一の低価格をつける「均一価格政策」などもある。

08 たくさん売れば たくさんもうかるのか？

⇨ 売上高は「単価×数量」で計算

たくさん売れば、その分たくさんもうかるのでしょうか？

この問いの答えについては、まず、売上はどのように計算されるのか？を確認しておきましょう。売上高は、下に示した計算式にように「単価×数量」で計算されるのが基本です。ですから、たくさん販売したほうが売上高は高くなるわけです。そして、同じ利益の割合で販売するのであれば、売上高が高くなるほど利益も大きくなります。ということは、たくさん売ればその分もうかると考えられるわけです。

売上高 ＝ 単価 × 数量

トマトケチャップを販売する例で具体的に考えてみましょう。

例

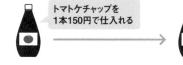

トマトケチャップを1本150円で仕入れる → トマトケチャップを1本250円で販売する

・10本仕入れ、10本販売する場合

売上高　250円×10本＝2,500円　　売上原価　150円×10本＝1,500円
粗利益　2,500円−1,500円＝1,000円

・50本仕入れ、50本販売する場合

売上高　250円×50本＝12,500円　　売上原価　150円×50本＝7,500円
粗利益　12,500円−7,500円＝5,000円

→ こちらのほうがもうけが大きい

⇨ 数のカラクリ

実はこの関係には、さらにカラクリがあるのです。

トマトケチャップを10本仕入れるのと、50本仕入れるのでは、どちらが安く仕入れることができるでしょうか？

答えは50本を仕入れるほうです。通常は、まとめて多くを仕入れるほうが安く仕入れることができます。常識ともいえることですが、まとめ買いのほうが安くなることはよく知られています。

そして、安く仕入れられるのであれば、利益はさらに大きくなります。製造業の場合であってもたくさん製造したほうが、1個当たりの原価は低く抑えられるのが通常です。

・50本仕入れ、50本販売する場合…まとめて仕入れるので1本120円で仕入れ

売上高　250円×50本＝12,500円　　売上原価　120円×50本＝6,000円
粗利益　12,500円－6,000円＝6,500円

→ もうけがさらに大きくなる

このように仕入原価が低くなるとその分利益が大きくなります。売上高に占める粗利益の割合を粗利益率（売上高総利率）といいます。つまり、このケースではまとめて仕入れることによって、粗利益率が高くなったわけです。

$$粗利益率(\%)（売上高総利益率） = 粗利益（売上総利益） \div 売上高 \times 100$$

トマトケチャップ販売のケースで、粗利益率を計算してみると次のようになります。

・1本150円で仕入れ、10本販売する場合の粗利益率

1,000円　÷　2,500円　×　100　＝　40%　【粗利益率】

・1本120円で仕入れ、50本販売する場合の粗利益率

6,500円 ÷ 12,500円 × 100 = 52% 粗利益率

> **Advice**
>
> 　利益率を示す指標にはいくつかあるが、売上高総利益率は、粗利益率（または粗利率）と呼ばれ、売上高に対する売上総利益（粗利益）の比率のことである。この比率が高いほど利益を出しやすいといえる。
> 　利益率を示す指標については、Part 5で詳しく見ていく。

⇨ 単純にはいかない場合もある

　基本的にはたくさん売れば利益は大きくなります。しかし、単純にはいかない場合もあります。いまは売上原価のことしか考えてきませんでしたが、コストには、販売費及び一般管理費もあります。考慮しなければならない点はいろいろとあるのです。

　たとえば、たくさん販売するためには多くの販売員を雇わなければならないかもしれません。そうすると、人件費が大きくなり、利益が低くなってしまうことも考えられます。また、製造業であっても、多くの製品を作るためには、機械・設備を増やさなければならない場合もあります。

　そう考えると、たくさん売ったとしても、思うほど利益は大きくならないこともあるのです。

　なお、売上、コスト、利益の関係については、Part 5でもっと深く掘り下げて見ていきます。

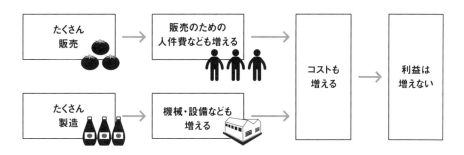

09 なぜセット販売を行うのか？

⇒ セット販売にはメリットがあるのか？

「１つの商品10個で１セット。１セット買うと１個サービスがついてくる」などのセット販売ですが、まとめて買うと安くなるというものです。バンドルセールと呼ばれることもあります。

なぜ、この販売方法が行われるのでしょうか？

購入する側からすると、１個サービスなので、１個当たり安く買えるというメリットがあります。それでは、販売する側は損をしているのでしょうか？　メリットはないのでしょうか？

例

トマトを５個１セットで販売…１セット買うと１個サービス

トマトの通常販売価格 … １個　60円
トマトの仕入価格 …… １個　40円

・５個１セットを買った場合の１個当たりの価格

> 購入する側からすると、１個当たり10円引きで買えるというメリット

$$３００円　÷　６個　＝５０円$$

５個１セットの価格 60円×５個＝300円	手に入るトマトの数 ５個＋１個＝６個	トマト１個当たり の価格

この例では、５個１セットで購入すると１個当たり10円引きで買うことができるので、購入者にとってはメリットがあるといえます。

⇒ 販売する側のメリットは？

購入する側は、安く買えるというメリットがありますが、販売する側はどのようなメリットがあるのかを考えてみましょう。

通常販売価格での粗利益は次のように計算することができます。

$$３００円　－　２００円　＝　１００円$$

40円×５個

38

セット販売した場合の粗利益は次のようになります。

$$300円 - 240円 = 60円$$
40円×6個

粗利益が60円。損はしていない

粗利益の差は次のようになります

$$100円 - 60円 = 40円$$

仕入価格1個分、40円値引きしたのと同じ

このケースは、販売する側はセット販売によって、仕入価格1個分の40円を値引きしたことになります。しかし利益はしっかり出ています。

購入する側は安く買えるので満足です。さらにもっと買おうという購入意欲が高まることが期待できます。さらに、セット販売は1人の顧客に対し多くの商品を販売するので販売経費を抑えることにもつながります。たくさん販売することができれば、仕入価格も低く抑えられるかもしれません。そして、在庫もどんどん回転していきます。在庫がどんどん回転すれば不良在庫の心配がなくなります。不良在庫についてはPart 3で詳しく見ていきます。

このように考えると、セット販売は安売りすることにはなりますが、販売する側にも大きなメリットがあるといえるのです。

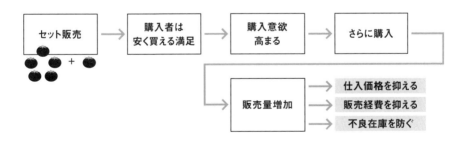

Point
バンドルセールは、商品を束（バンドル）にして売るもの。スーパーの特売セールなのでよく見かける「1個100円、まとめて買うと11個で1,000円」のようなもの。安さをアピールして、たくさん売ることが基本的な目的だ。

10 会社のもうけは給与にどのように反映するのか？

⇒ 給与だけが人件費ではない

この章では利益とコストの数字について見てきましたが、最後は、コストのなかでも固定費※の大きなウェートを占める**人件費**について説明しておきましょう。

「人件費＝給与」なのでしょうか？　そう思っていたら、それは間違いです。支給される給与だけが人件費ではないのです。人件費という言葉、これまでに何度も登場しましたが、あらためてその意味を確認しておきましょう。

たとえば、健康保険料や厚生年金保険料などの社会保険料は、実は会社が半分負担しています。これらを法定福利費といいます。ほかにも会社が負担しているものは、会社の運動会や忘年会などの催し、保養所などの福利厚生施設の費用など、会社によって異なりますが、さまざまなものがあります。会社が負担しているこれらの費用も人件費に含まれるのです。つまり会社は給与以上に人件費を負担しているというわけです。

人件費　＝　給与　＋　会社が負担する費用

・法定福利費（健康保険料・厚生年金保険料等）
・退職金の積立　・社員の福利厚生施設の維持費
・社外研修の受講料の補助　・社員食堂の補助　・その他

法定福利費のほかにも、会社が負担している費用はさまざまある

Point

会社の固定費のなかで、もっとも大きな割合を占めているのが人件費といわれる。給与以外にも会社はいろいろと負担しているのだ。このことは、ぜひ頭に置いておきたい。

※固定費…売上高に関係なくかかるコスト。詳細は Part 5 の 10。

⇨ 社員への還元度を示すのが労働分配率

　会社が事業活動などで生み出した付加価値のうち、従業員の人件費にどれだけ回ったのでしょうか？　その割合を示すのが**労働分配率**です。付加価値とは、売上から外部購入費用を差し引いたもの、ここでは粗利益（⇨ P. 26）を意味すると理解しておいてよいでしょう。

　労働分配率が高い会社は、人件費の配分が多い、つまり給与が高い会社といえます。ただし、サービス業などのように人手に依存しなければならない会社などは労働分配率が高くなる傾向にあります。逆に機械化が進んでいる会社の場合は労働分配率が低くなることがあります。業種の特性などの問題もあるので、労働分配率だけで、人件費が適正かどうかは判断できません。あくまで目安としてとらえておくとよいでしょう。

＜付加価値のイメージ＞

| 付加価値 | → | 200万円 | 売上高 1,000万円 | 800万円で仕入れてきたものを1,000万円で売る |
| 外部から仕入 | → | 800万円 | | |

⇨ 労働分配率の計算

　労働分配率は、次の計算式のように人件費を付加価値で割って算出します。

$$労働分配率(\%) = \frac{人件費}{付加価値} \times 100$$

たとえば、付加価値が200万円、人件費が100万円である場合は次のようになります。

$$\frac{100万円}{200万円} \times 100 = 50\%$$

業種によって異なるが、50%台〜60%台が平均的な数字

✎ 確認問題 I

1）リンゴを1個120円で50個仕入れ、そのリンゴ50個を1個150円で販売した。この場合の①売上高、②売上原価、③粗利益（売上総利益）はそれぞれいくらか。

2）次のようにワインを仕入れ、そのワインを販売した場合の粗利益率（売上高総利益率）いくらか。

	単価	数量
仕入	1,600 円	30 本
販売	2,000 円	30 本

3）ある会社の付加価値が1,200万円、人件費が720万円である場合、労働分配率はいくらか。

[解答＆解説]

1）解答　①**7,500円**　②**6,000円**　③**1,500円**

　　①売上高…150円×50個＝7,500円

　　②売上原価…120円×50個＝6,000円

　　③粗利益（売上総利益）…7,500円－6,000円＝1,500円

2）解答　**20%**

　　売上高…2,000円×30本＝60,000円

　　売上原価…1,600円×30本＝48,000円

　　粗利益（売上高総利益）…60,000円－48,000円＝12,000円

　　粗利益率（売上高総利益率）…12,000円÷60,000円×100＝20（%）

3）解答　**60%**

　　労働分配率…720万円÷1,200万円×100＝60（%）

> Part 2

会社の成績
―決算書の数字―

…これだ

Story 2

成績を上げるには…

これなら
大根女のド肝を
抜いてやれるぞー！

2丁目の
道端美容室さん
だけど

今月末でとうとう
正式に店たたむ
ってよ

えっ

ひとことで言えば
決算書は会社の活動を
外部に知らせる
報告書です

決算書によって
会社の健康状態が
チェックできる
んです

会社のもうけは
どうなっているのか？
財産や借金の状態は？

決算書を見れば
誰でもわかります
誰でも…

決算書には
2本の柱があります

貸借対照表と
もうひとつが
損益計算書

会社は銀行から
お金を借りたり
株式を発行して
お金を集め

そのお金で
事業活動を
行います

貸借対照表は
その「集めたお金」と
「そのお金の状態」を
表しているんです

つまり会社の
財政状態ですね

まずは貸借対照表
（B/S）から
見ていきましょう

貸借対照表（平成○年3月）

（単位：千円）

資産の部		負債の部	
流動資産		**流動負債**	
現金預金	128,682	買掛金	96,743
売掛金	18,725	短期借入金	687,000
有価証券	1,540	未払法人税等	3,507
商　品	204,882	前受金	17,800
前払費用	2,453	**流動負債合計**	805,050
貸倒引当金	△192	**固定負債**	
流動資産合計	356,090	長期借入金	1,798,500
固定資産		退職給付引当金	10,530
有形固定資産		**固定負債合計**	1,809,030
建　物	367,370		
車両運搬具	27,600	**負債合計**	2,614,080
備　品	226,850		
土　地	1,844,910	純資産の部	
有形固定資産合計	2,466,730	**株主資本**	
無形固定資産		資本金	161,650
借地権		資本剰余金	101,230
無形固定資産合計	12,540		
投資その他の資産			275,420
投資有価証券			
投資その他の資産合計	2,900		2,900
固定資産合計			278,320
資産合計	2,892,400		2,892,400

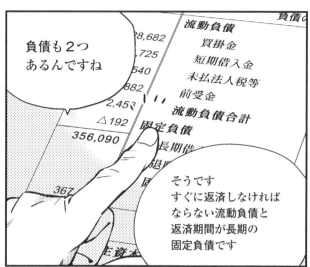

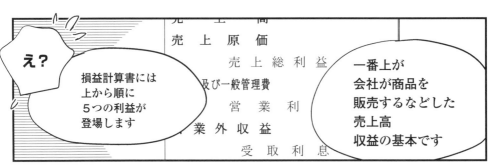

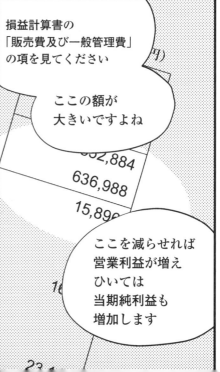

昔からのものが
なくなって

見知った顔にも
会えなくなっていく

それをただ見ている
人の気持ちなんて
わかりっこないもの

おはよう
ございます！

01 会社数字の基本、「決算書」とは何か？

⇒ 決算書なくして会社の数字は語れない

　この章では**決算書**がテーマになりますが、そもそも決算書とは何か？　というところから説明していきましょう。

　決算書とは、会社の活動を外部に報告するための報告書です。会社のもうけはどうなっているのか？　会社の財産や借金の状態はどうなっているのか？　などが、一定のルールに従って書かれているものです。ですから、決算書はその会社にかかわるさまざま人にとって、大事な情報源となります。

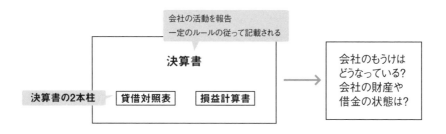

⇒ 貸借対照表と損益計算書が決算書の2本柱

　決算書は1つの書類ではなく、いくつかの報告書があります。なかでも**貸借対照表（B/S）**と**損益計算書（P/L）**がとくに重要です。この2つが決算書の2本柱といえるでしょう。これに加えて**キャッシュフロー計算書（C/S）**が大事な決算書となりますが、これについては Part 3 で見ていくことにします。この章では、貸借対照表と損益計算書を中心に説明していきましょう。

Advice

　実際の決算書を見ると、細かな数字が並んでいるうえに、難しい用語が数多く出てくる。だから、決算書というと、とても難しいイメージでとらえがち。少し見ただけで拒否反応を起こしてしまう人もいるぐらいだ。そこで、まずはすべてを理解しようとせず、基本的なしくみを押さえていくようにしよう。

⇨ 決算書で会社の健康状態をチェック

次は決算書によって何が分かるのかを説明していきましょう。

さきほど、「会社のもうけはどうなっているのか？」「会社の財産や借金の状態はどうなっているのか？」ということがでてきました。まず「会社がどれだけ利益を生んでいるか？」、これがわからなければ大問題です。そもそも「会社は利益を生むところ」。これは Part 1 で見てきたとおりです。その大事な利益は決算書に示されています。つまり、決算書からは会社のもうけを知ることができるのです。

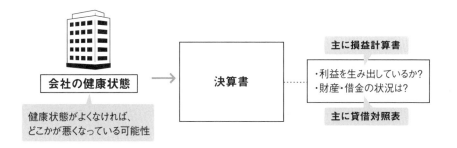

そして、もう一つ、会社の財産や借金の状態。別の言い方をすると、会社がどうやってお金を集めて、そのお金がどのような状態になっているのかを決算書によって見ることができます。

決算書で会社の状態を見ることは重要です。利益を生んでないとすると、どこかが悪いはずです。また、「集めてきたお金を活用しているのか？」「借金を返せるのか？」などの状態も大事です。この状態が悪ければ倒産、ということもあるかもしれないからです。

つまり、決算書によって、会社が健康かどうかがわかり、決算書で会社の健康状態をチェックできるというわけです。

> **Point**
> 決算書からは、このほかにもさまざまなことがわかるが、「利益を生み出しているか」「財産や借金の状態はどうか」、この2つが大事な点。決算書を見る場合、この2つの方向から決算書を読み取っていくことがポイントといえるだろう。

02 貸借対照表によって何がわかるのか？

⇨ 集めたお金とそのお金の状態を表す

貸借対照表（Balance Sheet：B/S）は「一定時点の会社の財政状態を明らかにするために作成されるもの」です。

もっと具体的に説明すると、会社は銀行などからお金を借りたり、株式（詳細はPart 4参照）というものを発行したりしてお金を集めます。そして、その資金をもとに商品を仕入れて販売するなどの事業活動を行います。貸借対照表は、「集めたお金とそのお金の状態」（この状態のことを**財政状態**という）を表しているのです。

⇨ 貸借対照表は財政状態を左右に分けて示している

貸借対照表は、財政状態を「**資産**」、「**負債**」、「**純資産**」に区分して表しています。これらについてはあとで詳しく説明します。ここでは、まず貸借対照表の基本的なしくみを理解しましょう。

貸借対照表の左側に資産、右側に負債と純資産が記載されます。そして、集めたお金については右側の負債と純資産に、そのお金の状態は左側の資産に示されることになっています。

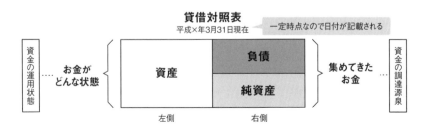

貸借対照表は、集めてきたお金とそのお金の状態が左右に分けて示されています。この点についてもう少し詳しく見ていくと、右側の負債と純資産は「集めてきたお金」ですが、その調達先によって区分されています。銀行等から借りてきたものなどは負債、株式を発行して株主から調達したものは純資産に区分されます。

　左側の資産は調達したお金の状態、資金の運用状態を表します。たとえば、そのお金で商品を仕入れると「商品」という形になっているし、建物を購入すれば「建物」という形となっています。

⇨ 他人資本と自己資本

　ここで、さらに話を進めていきましょう。**他人資本**、**自己資本**ということばが使われることがあります。この場合の資本とは、資金の調達先を意味します。他人資本は銀行等の第三者からの調達、自己資本は株主からの調達のことです。

他人資本…第三者（銀行等）からの調達
自己資本…株主からの調達

　つまり、貸借対照表でいえば、**負債…他人資本、純資産…自己資本**となります。負債（他人資本）は、他人から調達した資金なので、いずれは返さなければならないものです。一方、純資産（自己資本）は返さなくてよい自分の元手といえます。

Advice
これらの用語は、Part 5の経営分析でも登場する。ここで意味を押さえておこう

03 貸借対照表のしくみと中身は？

⇒貸借対照表は左右が一致

　貸借対照表は左と右とに分かれていることはすでに説明しました。貸借対照表は左右に分かれていて、左右の金額は**一致する**ようにできています。左右の合計金額は常に均衡することから「バランスシート」と呼ばれます。

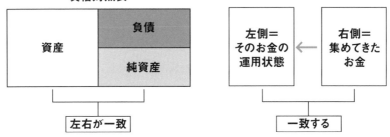

　左側と右側が一致するということは、貸借対照表の資産の合計と負債・純資産の合計とが一致するということになります。このしくみは大事なので、しっかり押さえておきましょう。そして、この関係から、次の計算式が成り立つことになります。

⇒資産は流動資産、固定資産、繰延資産に分類

　それでは、これから貸借対照表の中身・構成はどうなっているのかを見て

いきましょう。

まずは、資産から見ていきましょう。資産は、資金の運用状態を示しているのですが、利益を生み出すために必要な資金やモノともいえます。そして、資産は、**流動資産**、**固定資産**、**繰延資産**の3つに分類されます。

流動資産とは、すぐにお金に変わる資産のことをいいます。現金・預金、売掛金（⇨ P.71）、商品などです。

それに対して固定資産は、お金になるまでの期間が長い、長期間にわたって利用・所有する資産をいいます。建物や車両（自動車等）などがそうです。

なお、繰延資産は少し特殊なものなのでここでは触れないでおきます。

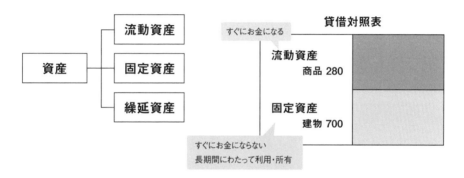

流動資産と固定資産の区分は、1年以内にお金になるかどうかで区分します。これが1年基準です。ただし、営業循環基準（正常営業循環基準）というのもあって、現金→仕入→販売→売掛金→現金という会社の通常の営業活動で生じるものは流動資産とするものです。商品や売掛金などは原則として流動資産となります。この流動と固定の区分のしかたは、負債の場合も同じです。

⇨ 負債は流動負債と固定負債に分類

次は、負債について見ていきます。負債は、銀行などから調達した資金を

示しているのですが、別の言い方をすると、買掛金（⇨P. 71）や借入金のように、将来、返済等の必要があるものとなります。そして、負債は**流動負債**と**固定負債**とに分類されます。流動と固定の区分は資産の場合と同じです。買掛金などは流動負債、返済が1年を超える借入金などは固定負債となります。

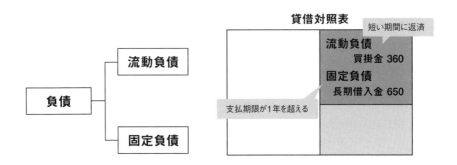

⇨純資産は株主資本とその他の項目に分類

つづいて純資産について見ていきましょう。純資産は、株主資本とその他の項目に分類されます。さらに株主資本は、資本金、資本剰余金、利益剰余金、その他の項目に分けられます。

株主資本のうち、資本金と資本剰余金は株主が出資した金額を示します。利益剰余金は会社が増やした金額、会社の利益の蓄積分を示します。

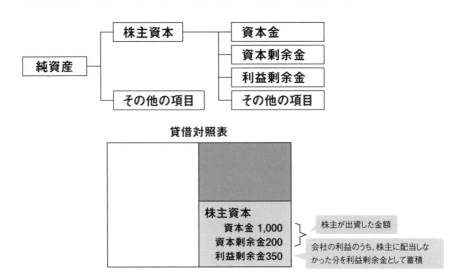

04 掛け取引とはどのようなものか？

⇒ 売掛金・買掛金とは

　これまでに**売掛金**と**買掛金**という用語を使ってきましたが、ここでその意味を確認しておきましょう。

　会社間で、毎日、多くの商品の取引をしている場合、商品の搬入のたびに代金を支払い、またそれを受け取っているととても面倒です。そこで、商品の売買などの取引をしても、その場では代金のやり取りをせず、後日、その代金をまとめて銀行振り込みなどで支払うのが一般的です。

　このように、先に商品の受渡しをして、代金はあとで支払うという取引のことを**掛け取引**といいます。掛けで商品を販売し、代金をあとでもらえる権利を売掛金といいます。販売した時点では代金を受け取らず、将来代金を受け取る権利のことです。反対に掛けで商品を仕入れて、代金をあとで支払わなければならない義務が買掛金です。販売した時点では代金を支払わず、後日代金を支払わなければならない義務のことです。

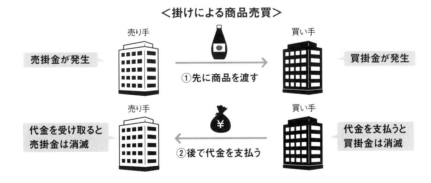

＜掛けによる商品売買＞

Advice

　掛け取引のように、会社間の信用関係に基づく取引を信用取引という。
　また、代金の締日から、支払いまでの期間を一般に支払いサイトという。たとえば、「月末締めの翌月末払い」という場合、毎月末日までの合計金額を翌月の末日に支払うというものだ。

Part 2　会社の成績──決算書の数字　71

05 得意先の倒産などに備えるためにはどうするのか？

⇨ 貸倒引当金とは？

　得意先の会社との取引において、現金取引ではなく、前項の売掛金や手形（いつまでに、いくら支払うなどが書かれた証券⇨Part 3参照）によって、翌月、数ヵ月後に代金を受け取るという約束を交わすことがよくあります。しかし、これらの債権（お金をもらえる権利）は、もし取引先の会社が倒産してしまった場合はどうなるのでしょうか？

　取引先が倒産した場合などには、その債権が回収できなくなるかもしれません。そこで、売掛金等の回収が不可能になった場合に備えておく必要があります。それが、**貸倒引当金**です。将来発生するかもしれない損失に備えておくものです。80ページの貸借対照表のなかでは、△で表示されているところです。△はマイナスの意。つまり、その分、貸借対照表上マイナスしてあるわけです。

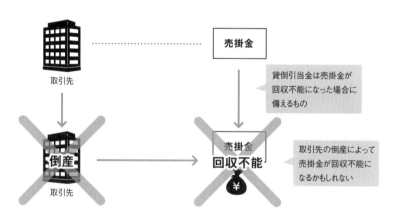

Advice

　引当金は将来に備えるもの。貸倒引当金以外にも引当金はある。将来発生する退職金の支払いに備える引当金もある。退職給付引当金だ。80ページの貸借対照表にも表示されている（負債の部）。

06 100万円の車は1年後も100万円の価値があるだろうか？

減価償却は価値が下がる分を費用化する手続き

　100万円で買った営業用の自動車。1年後も同じように100万円の価値があるでしょうか？　最初こそ100万円の価値があるものの、1年も経てば価値は下がります。そして、長期間乗っていれば使い物にならなくなっていくでしょう。このように有形固定資産※のなかには少しずつ価値が減少していくものがあります。自動車や建物など、毎年少しずつ価値が下がってしまう有形固定資産については、その価値の下がる分を毎年少しずつ必要経費としていくことになっています。この手続きを**減価償却**といいます。

Advice

　減価償却の方法には、定額法や定率法などがある。定額法は、使い始めてから毎年同じ割合で価値が下がっていくと考えて計算をするものだ。つまり、償却費が原則として毎年同額。これに対して定率法は、償却費の額は初めの年ほど多く、年とともに減少していくという方法だ。

　また、どれだけ価値が減少していくのかは、固定資産の種類ごとに定められている。

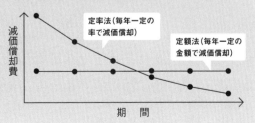

※有形固定資産…固定資産のうち物的な実体をもつ資産。土地、建物、車両など

07 損益計算書によって何がわかるのか？

損益計算書はもうけを計算する計算書

　会社はもうけを生むところ、このことについては何度も説明してきました。一定期間のもうけ＝利益を計算するのが**損益計算書**（Profit and Loss Statement：P/L）です。

　Part 1では、売上からコストをマイナスして利益を計算しました。損益計算書では、**収益**から**費用**をマイナスして利益を計算します。それでは、別の計算するのかというと、そうではありません。実は、収益とは売上と同じようなもの、費用とはコストと同じようなものなのです。つまり、言い方は違いますが、基本的には同じような計算によって利益を求めるのです。

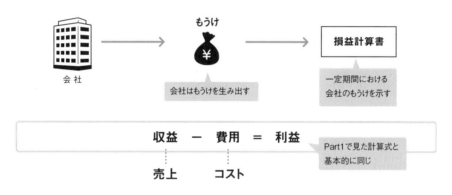

利益と損失をあわせて損益

「収益－費用＝利益」

　このことを示しているのが損益計算書です。費用より収益のほうが多いと、その差額は利益となります。しかし、収益より費用が多い、つまりマイナスの場合は、損失となります。利益と損失をあわせて損益です。

```
収益 － 費用 ＝ プラス…利益
収益 － 費用 ＝マイナス…損失
```

この関係を図にすると次のようになります。

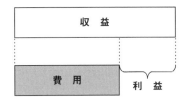 

⇨ 一定期間で区切った会計期間

　一定期間のもうけと説明しましたが、この一定期間のことを**会計期間**といいます。会社がもうけを出したかどうかを計算する場合、会社はずっと活動を続けているので、どこかで期間を区切る必要があります。これが会計期間で、通常は1年間です。

　なお、会計期間の初めを期首、終わりを期末といいます。そして期首から期末（決算日とも呼ばれる）までの間を期中といいます。

　また、現在の会計期間を当期、1つ前の会計期間を前期、1つあとの会計期間を次期といいます。

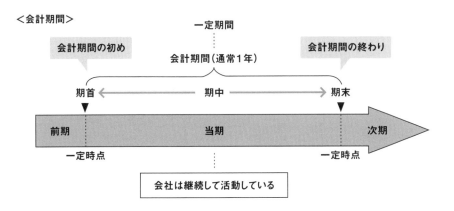

> **Point**
> 　一定期間の会社の損益を計算するので損益計算書。文字どおりだ。一定期間の会社の利益、損失を計算する書類なので、会社の成績を表しているともいえる。だから、損益計算書は会社の成績表のようなものなのだ。

08 損益計算書の５つの利益とは どのようなものか？①

⇨ 損益計算書は実は単純な計算書

それでは、損益計算書の基本的なしくみを見ていきましょう。貸借対照表と同様、実際の損益計算書を見ると項目が細かく分かれ、数多くの数字が並んでいます。一見難しそうな印象がするかもしれませんが、おそれることはありません。＋、－、つまり足し算と引き算しか出てきません。なぜなら、基本的に「**収益－費用＝利益**」の計算をしているだけだからです。難しい計算をする必要はないのです。

```
＋  収 益  100
－  費 用   80
―――――――――――――
＝  利 益   20
```

損益計算書は足し算と引き算。
単純な計算をしているだけ。

⇨ １つ目の利益、売上総利益

損益計算書は、上から下に数字が並んでいます。上から順に５つの利益が登場します。その利益に注目して見ていきましょう。

まず、一番上にあるのが**売上高**です。売上は、会社が商品を販売するなどしたもので、収益の代表です。やはり、売上はとても大事なものです。利益を生むためには売上が必要だからです。

そして、売上高の下にあるのが、売上原価です。Part 1で見た、販売した商品を仕入れたり、製造したりした際にかかった金額のことです。

売上高から売上原価をマイナスして求められ

損益計算書の基本構成

損益計算書

売上高
売上原価
　　売上総利益
販売費及び一般管理費
　　営業利益
営業外収益
営業外費用
　　経常利益
特別利益
特別損失
　　税引前当期純利益
法人税、住民税及び事業税
　　当期純利益

るのが、**売上総利益**（粗利益）です。

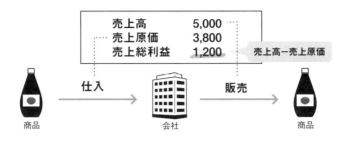

⇒ 2つ目の利益、営業利益

つづいて見ていきましょう。売上総利益の次に出てくる利益が、**営業利益**です。営業利益は、**売上総利益**から**販売費及び一般管理費**をマイナスして計算します。販売費及び一般管理費、これも Part 1 で見たとおりで、会社が活動するうえで必要な費用です。

会社が商品の販売などによって生み出した売上総利益から販売費及び一般管理費を差し引いたのが営業利益です。つまり営業利益は、会社の営業活動の成果を示しているものといえるのです。

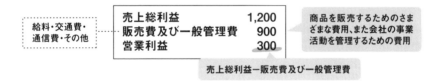

1つ目の利益、売上総利益が大きいからといって、営業利益が大きいとは限りません。ですから、売上総利益だけで業績を判断するのではなく、営業利益を見ることが重要です。

> **Point**
> 会社の本業の営業でのもうけを見るのが営業利益といえる。営業利益は、あくまで営業での利益を示すもの。利息の支払い・受取りなどは入っていない。会社がいくら売り上げ、いくら費用を使って、利益を上げたかを見るところ。だから営業利益は重要な数字といえる。

09 損益計算書の5つの利益とはどのようなものか？②

⇒ 3つ目の利益、経常利益

　3つ目の利益は**経常利益**です。経常利益は、**営業利益**に**営業外収益**を加えて、**営業外費用**を差し引いて計算します。

　営業外収益・営業外費用とは、通常の営業活動以外で生じた収益や費用のことです。中心となるのが、財務活動によるものです。財務活動とは、お金を借りたり、またはお金を運用したりすることです。具体的には、利息の受取りや利息の支払いなどです。

　経常利益は、会社の総合力を表す利益といえるでしょう。

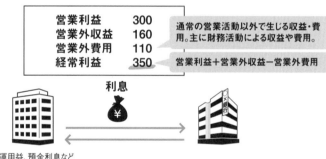

※営業外収益…有価証券運用益、預金利息など
※営業外費用…借入金の支払利息、社債利息、手形の割引料など

> **Point**
> 　営業外収益・営業外費用は、会社の営業活動によるものではないが、会社が活動するうえで必要不可欠な収益と費用。経常利益は、今後も続くだろうという会社の経常的な利益という意味だ。また、世間一般に利益という場合、この経常利益を指すことが多い。

⇒ 4つ目の利益は税引前当期純利益

　経常利益の次は、**税引前当期純利益**です。経常利益に**特別利益**を加え、**特別損失**を差し引いて計算します。

特別利益・特別損失とは、通常では生じない臨時のものです。
　たとえば、所有していた不動産を売却して売却益が出た場合などです。いつも売買しているわけではないので臨時的なものです。ですから特別利益となるわけです。
　また、災害にあって損失が出た場合などは特別損失となります。
　このように特別利益・特別損失は例外的なものです。そこで、会社の実力を見る場合は、前の経常利益を見ることになります。

```
経常利益          350
特別利益          100     通常では生じない臨時のもの
特別損失          130
税引前当期純利益   320     経常利益＋特別利益－特別損失
```

※特別利益…固定資産の売却による利益、投資有価証券売却益など
※特別損失…固定資産の売却による損失、災害による損失など

⇒ 5つ目の利益は当期純利益

　そして、最後は税金を差し引きます。会社がもうけに応じて納めなければならない税金として、法人税、法人住民税、事業税があります。**税引前当期純利益**からそれらの**税金**を差し引くと会社の最終的な利益、**当期純利益**が計算されるのです。

```
税引前当期純利益         320
法人税、住民税及び事業税  180    税引前当期純利益－税金
当期純利益               140
                              会社の最終的な利益
```

　これまで貸借対照表と損益計算書の内容を一通り説明してきましたが、この章の最後に貸借対照表と損益計算書の全体を見ておきましょう。

10 貸借対照表を見てみよう

貸借対照表
（平成×年3月31日現在）

原則として流動性の高いものから順に配列されている

細かい項目にとらわれずに、全体をブロックで見ていこう

資産の部		負債の部	
流動資産		流動負債	
現金預金	180	支払手形	200
受取手形	200	買掛金	360
売掛金	500	短期借入金 ❸	500
有価証券 ❶	300	未払法人税等	80
商品	280	前受金	160
前払費用	60	**流動負債合計**	**1,300**
貸倒引当金	△20	固定負債	
流動資産合計	**1,500**	社債	300
固定資産		長期借入金 ❹	650
有形固定資産		退職給付引当金	150
建物	700	**固定負債合計**	**1,100**
車両運搬具	140	**負債合計**	**2,400**
備品	150	純資産の部	
土地	1,000	株主資本	
有形固定資産合計	1,990	資本金	1,000
無形固定資産 ❷		資本剰余金 ❺	200
借地権	10	利益剰余金	350
無形固定資産合計	10	**株主資本合計**	**1,550**
投資その他の資産		評価・換算差額等	
投資有価証券	300	その他有価証券評価差額金	50
長期貸付金	200	**評価・換算差額等合計**	**50**
投資その他の資産合計	500		
固定資産合計	**2,500**	**純資産合計**	**1,600**
資産合計	**4,000**	**負債及び純資産合計**	**4,000**

❶流動資産 → 1,500
すぐにお金になる資産

❸流動負債 → 1,300
短い期間に返済

❷固定資産 → 2,500
長期間にわたって利用・所有する資産

❹固定負債 → 1,100
支払期限が1年を超える

❶+❷資産合計 → 4,000
資産合計が会社のスケールを示している

❺純資産 → 1,600
株主が出資した金額・利益の蓄積分等

ここで貸借対照表のしくみ・構成をしっかりと押さえておこう。

11 損益計算書を見てみよう

損益計算書
自 平成○年4月1日
至 平成×年3月31日

損益計算書の数字と数字の関係に注意して見ていこう

科目	金額	
売上高❶		5,000
売上原価		3,800
売上総利益❷		1,200
販売費及び一般管理費		900
営業利益❸		300
営業外収益		
受取利息	60	
その他	100	160
営業外費用		
支払利息	80	
その他	30	110
経常利益❹		350
特別利益		
投資有価証券売却益	80	
その他	20	100
特別損失		
固定資産除却損	100	
その他	30	130
税引前当期純利益❺		320
法人税、住民税及び事業税		180
当期純利益❻		140

❶売上高

やはり売上高は重要な数字なので注目。ただし、売上高の増減と利益の増減をあわせて見るようにしよう

❷売上総利益　売上高−売上原価

売上高総利益率はどうなっているのか？をみる

❸営業利益　売上総利益−販売費及び一般管理費

営業利益は会社の営業活動の成果を表す

❹経常利益　営業利益＋営業外収益−営業外費用

会社の経常的な利益。会社の総合的な利益が示され、注目される

❺税引前当期純利益
　　　　　　経常利益＋特別利益−特別損失

臨時、例外的な収益・費用が加味された利益

❻当期純利益　税引前当期純利益−税金

会社の最終的な利益

この2つの利益の関係にも注目。本業の利益、財務活動を加味した利益を比較する

損益計算書のしくみ、5つの利益の意味をしっかりと押さえておこう。

✏️ 確認問題Ⅱ

1）次の空欄（ ① ）〜（ ④ ）にあてはまる金額はいくらか。

貸借対照表
（平成×年3月31日現在）　　　　　　　　　　（単位：千円）

資産の部		負債の部	
流動資産	（①）	流動負債	36,000
固定資産	52,000	固定負債	（②）
		負債合計	（③）
		純資産の部	
		株主資本	45,000
		純資産合計	45,000
資産合計	128,000	負債及び純資産合計	（④）

2）次の空欄（ ① ）〜（ ④ ）にあてはまる金額はいくらか。

損益計算書
自 平成○年4月1日
至 平成×年3月31日　　　　　　（単位：千円）

売上高	890,000
売上原価	634,000
売上総利益	（①）
販売費及び一般管理費	182,000
営業利益	（②）
営業外収益	22,000
営業外費用	26,000
経常利益	（③）
特別利益	12,000
特別損失	15,000
税引き前当期純利益	（④）
法人税、住民税及び事業税	18,000
当期純利益	49,000

［解答＆解説］

1）解答　①**76,000**　②**47,000**　③**83,000**　④**128,000**

　　①128,000 － 52,000 ＝ 76,000

　　④資産合計と負債及び純資産合計は一致するので 128,000

　　③128,000 － 45,000 ＝ 83,000

　　②83,000 － 36,000 ＝ 47,000

2）解答　①**256,000**　②**74,000**　③**70,000**　④**67,000**

　　①890,000 － 634,000 ＝ 256,000

　　②256,000 － 182,000 ＝ 74,000

　　③74,000 ＋ 22,000 － 26,000 ＝ 70,000

　　④70,000 ＋ 12,000 － 15,000 ＝ 67,000

Part 3

会社の在庫とお金
―在庫管理とキャッシュフローの数字―

不良在庫？

こういうのを不良在庫って言うんですよ

長期間売れずに在庫として残っているもの
流行遅れや季節外れ
賞味期限切れとなった商品などのことです

不良在庫にはさまざまなコストがかかっているんです

たしかに在庫を切らせば販売のチャンスを失うしお客様も逃がす

逆に多すぎれば在庫管理が大変ですね

けど…このよしずが本当に不良在庫と言い切れるものなのか…

商品回転率って知っていますか？

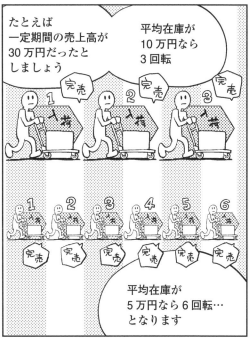

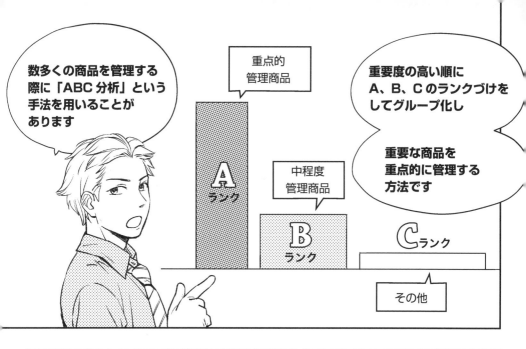

01 なぜ「在庫」の管理は重要なのか？

⇨ そもそも在庫とは何だろう？

　この章は在庫管理や資金繰り、キャッシュフロー計算書などが主なテーマですが、はじめに**在庫**について説明していきましょう。

　まずは「そもそも**在庫**とは何か？」を小売業のケースで見ていきます。

　小売業では、商品を仕入れてそれを販売します。販売に備えて商品を倉庫等に確保・保管しておきます。この商品の備蓄分が在庫です。在庫は商品の販売に備えるものなので、とても重要です。在庫がないと、販売するものがありません。在庫を切らしていると、顧客はよその店に行くかもしれません。販売のチャンスをなくすことになるわけです。

　それでは、たくさん在庫があればよいのでしょうか？　というと、そうではありません。在庫を抱えることによって費用が発生するので、在庫が多くても困るのです。つまり、在庫は多すぎても少なすぎても問題となるのです。

　ですから、在庫を管理することがとても大事なのです。そして在庫を管理するためには、在庫数量がいくつあるか数えなければなりません。これが、**棚卸**です。必要なときに棚卸を行って、在庫数量をチェックするのです。

　また、売上高から売上原価を差し引いて粗利益を計算することはすでに説明しましたが、この売上原価を算出するためにも棚卸は必要です。

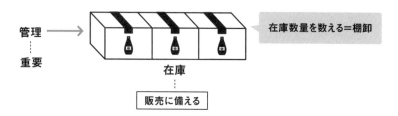

⇨ 売上原価の計算

　小売業の場合、「**売上高－売上原価**」で粗利益を求めることができますが、売上原価は次のように計算することができます。

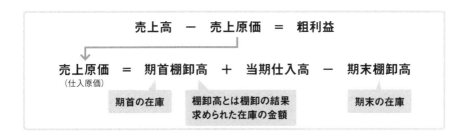

つまり、期間の初め（期首）の在庫の金額に当期に仕入れた商品の金額を足して、期間の終わり（期末）の在庫の金額を引くことによって売上原価（仕入原価）を求めることができるということです。

次の具体的なケースで売上原価を求めてみます。

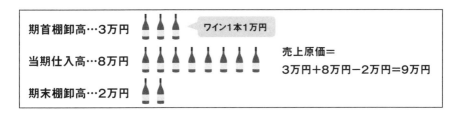

この計算を図にすると次のようになります。

Point
期首に残っている商品は、通常、当期中に販売されると考えられる。当期中に販売するということは、当期の売上原価になるので、期首商品棚卸高は、仕入高に加算する必要がある。反対に、期末商品棚卸高は当期中に仕入れた商品のうち売れ残った在庫なので、その分だけ仕入高から減らすというわけだ。

02 「不良在庫」の何が不良なのか？

⇨ 適正在庫→過剰在庫→不良在庫

　すでに説明しましたが、在庫は多すぎても少なすぎても問題です。少なすぎると、そもそも売るものがありません。これではビジネスになりません。しかし、多すぎるのも問題です。在庫は商品ですから、それを販売すればお金になります。しかし、売れなければお金が倉庫で寝ているようなものです。寝ているだけであれば、まだよいほうです。在庫を抱えていることで倉庫の賃貸料などさまざまな費用が発生するのです。

　在庫が長期化してくると、商品の市場価値は低下していきます。そして、在庫は寝ているうちに**不良在庫**となっていくのです。不良在庫とは、長期間、在庫として売れずに残っているものです。流行遅れ、賞味期限切れ、季節外れとなった商品、過剰に仕入れを行った商品などです。

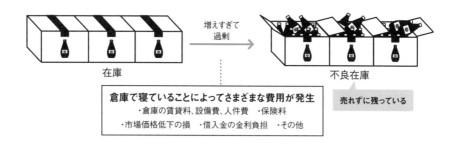

⇨ 商品回転率

　そこで、適正な在庫としなければならないのですが、この問題を解決するための指標の一つに**商品回転率（在庫回転率）**があります。これは、「その期間に平均在庫の何倍の売上を達成しているのか」を表したものです。簡単にいうと、在庫がどのくらい売れたかを回転数で示すものです。

　商品回転率が高いと、少ない在庫で多くを売り上げていることになります。つまり効率がよいというわけです。ただし、商品回転率が高すぎると在庫不足を生み出すという逆効果を招くこともあります。この点には注意しな

ければなりません。

　商品回転率は、次の計算式で求めることができます。

$$商品回転率 = \frac{売上高（売上原価）}{平均在庫}$$

　具体的な例で計算してみると、次のようになります。

対象とする期間の売上高と平均在庫
売上高 …120万円　　平均在庫…30万円

$$商品回転率 = \frac{120万円}{30万円} = 4回転$$

　このケースで、仮に売上高が変わらず、6回転になった場合、従来平均在庫が30万円だったものが、20万円に減っていることになります。

$$商品回転率 = \frac{120万円}{20万円} = 6回転$$

　商品回転率が高くなり、効率がよくなったととらえることができますが、反面、在庫不足が発生するかもしれないとも考えられます。

Advice

　不良在庫は出ないことにこしたことはない。しかし、さまざまな理由で不良在庫が発生するケースがある。その対応として、小売業では、期末バーゲンやワゴンセール等での処分が考えられる。

　たとえば、身近な例では、スーパー、デパートでは一定時間が過ぎた食材は値下げ販売をすることがある。賞味期限が切れるまでに早く販売するためだ。これも一種の不良在庫の処理といえるだろう。会社は不良在庫をそのままにしておくわけにはいかないので、赤字覚悟で在庫を処分することもあるのだ。

03 在庫管理の「ＡＢＣ分析」とは何か？

▶ 重要度別に管理する「ＡＢＣ分析」

　これまで在庫管理の重要性について説明してきましたが、１、２点の商品しか取り扱っていない場合であれば、在庫管理もそれほどたいへんではないでしょう。しかし、小売業などでは、通常、数多くの種類の商品を扱っています。仮に数百種類の商品を扱っているとすると、すべての商品についてしっかりと管理をしていくには相当な労力が必要になります。

　そこで、数多くの商品を管理する場合に、**ＡＢＣ分析**（重点分析）という商品の在庫管理の手法が用いられることがあります。在庫の資産としての価値などによって重要度別に分類し、段階的な管理手順を適用するというものです。もっと簡単にいえば、重要な商品についてだけ重点的に管理するという方法です。

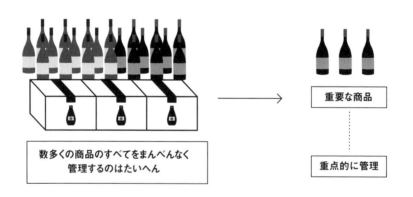

▶ ＡＢＣ分析の方法

　すべての商品を売上高の大きさや販売数量の多さなどによって、重要度別に並べ、重要度の高い順に**Ａ**、**Ｂ**、**Ｃ**の３つに分類します。
　たとえば販売数量ベースで見ていきましょう。累計の販売数量の構成比70～75％を支える商品グループをＡランクのグループとします。次に70～

75％から90〜95％を支える商品グループをＢランクのグループとします。そして残りの商品グループをＣランクのグループとします。

Ａランク…重点的管理商品
Ｂランク…中程度管理商品
Ｃランク…その他の商品

> **Advice**
> 70〜75％や90〜95％というのは、絶対的な区分ではない。自社の実体に合わせた区分点を用いればよい。

　商品をランクづけすることができたら、どの商品がよく売れる売れ筋商品か、またどの商品が人気がなくて売れない商品なのかを明確に把握できるようになります。そしてＡランクの商品は重点的に管理するなど、ランクに合わせて商品をどのように管理するのかを決定していきます。

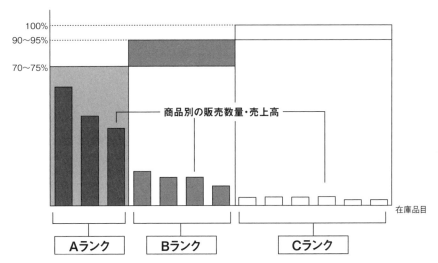

> **Advice**
> 　Ａランクの商品は、商品全体の売上高に占める割合が高い。在庫を切らすことなく、発注頻度を高めるなどしなければならない。Ｂランクの商品は、どの商品を伸ばすかどうかを検討、Ｃランクの商品は放置せず、管理コストが増えないように注意するなどの対応をしていく。

04 会社は黒字でも倒産することがあるのか？

⇒ 黒字倒産が起きる原因

「黒字倒産」ということばを耳にしたことがあるでしょうか？

黒字とは、損益計算書上で利益を出していることです。つまり、もうけが出ているにもかかわらず倒産してしまうこといいます。なぜ、そのようなことが起こるのでしょうか？

ビジネスでは、商品の仕入代金などは先に支払い、売上代金は後で回収するという、「先払い、後回収」というケースはよくあることです。実はこれが黒字倒産の原因となるのです。

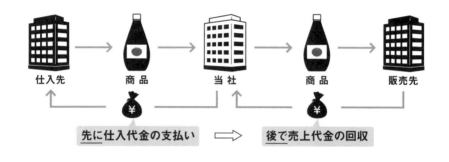

⇒ 利益が出ていても現金が不足する

商品を掛けで販売し、その売掛金が回収されないケースで考えてみましょう。

ある会社が80万円の商品を仕入れ、100万円で販売するとしましょう。100万円－80万円＝20万円の利益が出ることになります。

しかし、売上代金の入金は来月末日で、仕入代金の支払いは今月末日であったとします。すると、先に80万円の現金を支払わなければなりません。手元に80万円以上の現金あればよいのですが、ない場合は現金が不足することになります。20万円の利益が出るにもかかわらず、現金不足で苦しむことになるのです。

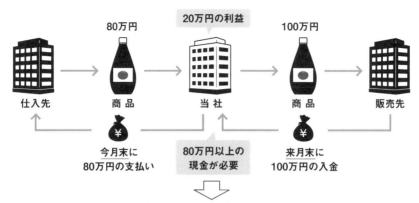

売上の代金をうまく回収できず現金が不足していくと
最終的に黒字倒産を招く

　このケースでは売上の代金を回収しない限り、現金は入ってきません。ただし、仕入や経費などの代金については、その分の現金を支払わなければなりません。商品をどんどん販売しても、代金を回収できなければ、現金はどんどん減っていく一方です。やがて現金が不足します。そして、ついに支払いができず倒産という事態を迎えます。

　利益は上がっているにもかかわらず、現金不足が原因で倒産が起きるのです。計算上利益が出ていても、現金の入出金のタイミング次第では、支払いができなくなり、倒産にいたってしまうこともあるのです。

> **Point**
> 　昔から「勘定あって、銭足らず」という言葉がある。売上も増加、利益も上げているのに資金が足りない。そのたびに、資金の工面をしなければならない。まだ会社の現金や預金に余裕のある状態であれば問題ないが、なくなると借入金に依存せざるを得なくなる。これがひどくなると黒字倒産を招く。そんな事態を防ぐためにも現金の動きを把握しておく必要がある。次にこの現金の動きについて見ていくことにする。

05 なぜ資金繰りが大事なのか？

利益の流れと現金の流れは一致しない

　会社の売上や費用、利益などは、それらの取引が出てきた時点で帳簿に記録していきます。これを**発生主義**といいます。この発生主義に基づいて帳簿上では利益が出ていたとしても、支払いに当てるためのお金が不足していると、前項で説明した黒字倒産が起きるのです。

　そこで会社は売上や費用の計算とは別に、支払いにあてるための現金や預金を管理しなければなりません。このお金を**運転資金**といい、日、月、年次等の一定の期間内で資金の流れを把握することを**資金繰り**といいます。

　資金繰りは発生主義ではなく、実際の現金の出入りを管理していきます。これを**現金主義**といいます。売上や費用が計上され、利益が計算されても、実際に現金の支払いや受取りが行なわなければ、資金繰りには影響しないというわけです。つまり、利益の流れと現金の流れは一致しないのです。

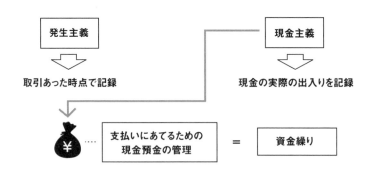

資金繰り表の役割

　いま資金繰りについて説明してきましたが、現金の出入りを管理するために**資金繰り表**という帳簿を作成します。資金繰り表は、現金の収入（入ってくる現金）と支出（出ていく現金）を一覧にして、現金の過不足をチェックする表です。

資金繰り表

	4月	5月	6月	7月
前期繰越	×××	×××	×××	×××
現金売上	×××	×××	×××	×××
売掛金回収	×××	×××	×××	×××
受取手形取立	×××	×××	××	×××
手形割引	××	××	×	××
雑収入等	××	×××	×	××
収入合計	×××	×××	×××	×××
現金仕入	×××	×××	×××	×××
支払手形決済	×××	×××	×××	×××
買掛金支払	××	××	×××	××
未払金支払	××	××	×××	××
人件費支払	×××	×××	×××	×××
諸経費支払	××	××	××	××
支払利息・割引料等	××	××	××	××
支出合計	×××	×××	×××	×××
差引収支	×××	×××	▲××	×××

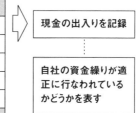

現金の出入りを記録

自社の資金繰りが適正に行なわれているかどうかを表す

Advice

資金繰り表は、日、週、月、3カ月、半年、1年単位とさまざまある。会社の規模、資金状況などを考慮して、種々の資金繰り表を作成する。

　いつ、いくらの入金があって、いくらの出金があるのかを資金繰り表で把握し、運転資金の状況をチェックします。

　資金繰り表によって、将来の支払いで現金が足りなくなりそうなのがわかったら、銀行から借り入れるなどの資金の手当てを行ないます。反対に運転資金に余裕があることがわかったら、借金の返済や投資に資金をあてていくこともできます。

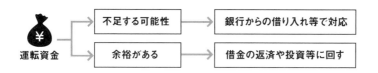

Point

　とくに、売上が季節によって大きく変動する会社、売掛金の回収期間と仕入や経費などの支払期間が異なる会社などでは、資金繰りの管理が重要になる。

06 なぜキャッシュフロー計算書を作成するのか？

⇨ 貸借対照表と損益計算書だけでは、現金の増減はわからない

　ここまで会社のお金、現金について見てきましたが、次は会社のお金に関する決算書、**キャッシュフロー計算書（Cash Flow Statement）**について説明していきましょう。

　キャッシュフロー計算書のキャッシュとは、**現金**※（正確にいうと現金以外のものも入る）のことです。フローとは、一定期間の増減。つまり、キャッシュフローとは、会社のお金の増減となります。そしてキャッシュフロー計算書は会社の**お金の増減を示す**決算書です。

　実は、貸借対照表と損益計算書だけでは、現金の増減を具体的につかむことができません。なぜなら貸借対照表には一定時点の現金の残高は示されますが、具体的な増減はわかりません。損益計算書によって、利益の増減は示されますが、現金の増減はわかりません。たとえ増収増益の会社であっても、資金が不足している場合があります。前項で見たように売上が伸びたものの、売上代金の回収よりも、使った経費の支払いのほうが先行してしまい、運転金がショートするということが起こることもあります。

　そこで会社の現金の増減を知るためにはキャッシュフロー計算書が必要なのです。

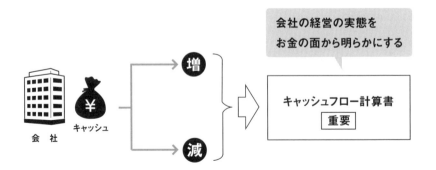

※現金だけでなく、普通預金や当座預金などのすぐ現金化できる預金などの「現金同等物」も含まれる。

⇒キャッシュフロー計算書の基本構造

　キャッシュフロー計算書の基本構造は、大きく営業活動によるキャッシュフロー、投資活動によるキャッシュフロー、財務活動によるキャッシュフローの3つから構成されています。

- **営業活動によるキャッシュフロー**…会社の営業活動から生じる現金の増減
  ⇒会社が営業活動でどれだけお金を増やしたか？
- **投資活動によるキャッシュフロー**…設備投資などの投資から生じる現金の増減
  ⇒会社がどれだけ投資にお金を使ったか？
- **財務活動によるキャッシュフロー**…資金調達や返済などから生じる現金の増減
  ⇒余ったお金は何に使い、不足分はどのように調達したか？

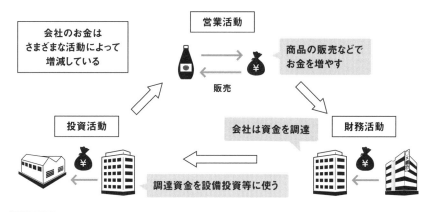

Advice

　キャッシュフロー計算書は、投資家がどの会社に投資をするかを検討する際にも大事なものとなる。損益計算書で利益を確認し、貸借対照表で資産や負債の状況を把握するだけでは会社への投資にどのくらいのリスクがあるのかを判断しにくい。そこで、投資家が正しい判断をするための情報提供の目的で、上場会社にはキャッシュフロー計算書の作成が義務付けられているのだ。

07 キャッシュフロー計算書はどのように見るのか？

⇒ 3つのキャッシュフローのプラスとマイナスの意味

　実際のキャッシュフロー計算書は、細かな項目に分かれていますが、ここでは大枠をつかんでおきましょう。

　営業活動によるキャッシュフロー、投資活動によるキャッシュフロー、財務活動によるキャッシュフローのそれぞれの区分がプラスになればキャッシュが増えたこと、マイナスになればキャッシュが減ったことを意味します。そして、この3つのキャッシュフローの合計額がその期間のキャッシュの増減を示しています。

キャッシュフロー計算書（要約）

実際のキャッシュフロー計算書は細かな項目に分けれている

Ⅰ　営業活動によるキャッシュフロー	450
Ⅱ　投資活動によるキャッシュフロー	▲80
Ⅲ　財務活動によるキャッシュフロー	▲310
Ⅳ　現金及び現金同等物の増減額	60
Ⅴ　現金及び現金同等物の期首残高	400
Ⅵ　現金及び現金同等物の期末残高	460

本業でどれだけキャッシュを生み出すことができたかを見る。大切な数字。ここがマイナス続きだと厳しい

固定資産（設備投資）や株式などの売買等によるキャッシュの流れを見る。使った場合はマイナス表示

借り入れなどに伴うキャッシュの流れ。借入金などで資金調達すれば現金は増。逆に借入金を返済すれば減となる。

⇒ 3つのキャッシュフローの見方

　3つのキャッシュフローのうち**営業活動によるキャッシュフロー**は本業のもうけを示すものなので、ここがプラスなっていることがとても重要です。本業の営業活動が順調であれば、将来の利益のために投資もできるし、借金の返済もできます。反対にここがマイナスであれば厳しい状況といえるでしょう。

> **Point**
> 仮に営業活動によるキャッシュフローがマイナスの場合には、何らかの資金の手当てをしなければならない。

一方、投資活動によるキャッシュフローと財務活動によるキャッシュフローは、マイナスになっているからといって、必ずしも悪いことであるとはいえません。たとえば、営業活動によるキャッシュフローがプラスで、投資活動によるキャッシュフローと財務活動によるキャッシュフローがマイナスである場合です。会社の本業でもうけが出ているうえで、将来への投資と借金の返済ができていると判断できるので、望ましい状態といえます。

営業活動による キャッシュフロー	投資活動による キャッシュフロー	財務活動による キャッシュフロー
⊕	⊖	⊖

本業で利益を出しているうえ、その利益から将来の投資と借金の返済ができている望ましい状態といえる

このように、キャッシュフロー計算書を見る場合、3つのキャッシュフローのバランスを見ることが重要。

⇨ 3つ決算書は連動している

Part 2で貸借対照表と損益計算書、そしていまキャッシュフロー計算書という3つの決算書を見てきました。

貸借対照表は、会社がどのように資金を調達し、どのように運用しているかを示しています。損益計算書は会社が一定期間でどのくらい利益を出したのかを表しています。3つ目のキャッシュフロー計算書は、会社のお金の増減について示しています。このように、3つの決算書の役割はそれぞれ異なっています。しかし、この3つに記載される数字は互いに連動し、会社の経営状態などを表しているのです。ですから、3つの決算書をバラバラに見るのではなく、全体的に見ることが大切なのです。

貸借対照表
会社の財政状態

損益計算書
会社の経営成績

3つの決算書は連動している

キャッシュフロー計算書
会社のキャッシュの増減

この3つの計算書は財務3表と呼ばれる

3つ決算書を全体的に見ることで、会社の経営状況を正しく判断できる

Part 3 会社の在庫とお金——在庫管理とキャッシュフローの数字 117

08 小切手とはどのようなものか？

小切手のしくみ

　会社が仕入代金などの支払いの際に、現金の代わりに**小切手**や**手形**を用いる場合があります。ここで小切手や手形について説明しておきましょう。

　まずは**小切手**についてです。小切手とは、現金の代わりになる紙片のことです。この小切手という紙片に金額などを記入して、他人に渡すことを小切手の振り出しといいます。そして、小切手をもらった人は銀行などの金融機関で現金に換えることができます。ですから、会社間の取引などで、現金の代わりになる支払い手段として小切手が用いられるのです。

小切手を振り出すためには

　小切手を振り出すためには、銀行に当座預金口座を開設（作る）しなければなりません。当座預金口座を開設すると、小切手用紙をつづった小切手帳が交付されます。小切手を振り出すときは、小切手用紙のうち、次の見本のB、Cの部分に必要事項を記入し、Dのところに署名します。

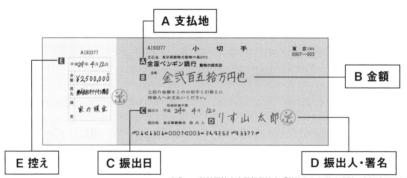

出典：一般社団法人全国銀行協会『動物たちと学ぶ手形・小切手のはなし』

当座預金とは

　当座預金とは、取引銀行と当座取引契約を結ぶことによって預け入れられた、無利息の預金です。そして、当座預金の引出しは、いま説明したように

小切手を振り出して行います。

　私たちが普段使っている普通預金は個人の預金ですが、当座預金は商売に使う預金といえるでしょう。

＜小切手の基本的な流れ＞

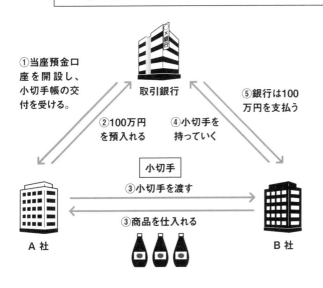

　商売をしていると、毎日多くの取引が発生し、取引の金額も大きくなっていきます。そのつど多額の現金を用意したり、持ち運んだりすると、盗難や紛失の危険性が高くなります。そこで、取引銀行と当座取引契約を結んで、当座預金口座を開設するのです。そうすれば、小切手を振り出すだけで代金の支払いができるようになるわけです。

> **Advice**
>
> 　小切手や手形による決済の方法についても知っておきたい。ただし、最近では銀行振り込みなどが主流になってきているため、小切手が使われるケースが少なくなってきている。

Part 3　会社の在庫とお金——在庫管理とキャッシュフローの数字　119

09 手形とはどのようなものか？

⇨ 手形のしくみ

手形とは、ある金額を一定の期日に支払う約束をする証券（権利や義務を表す紙片）のことで、**約束手形**と**為替手形**があります。

手形も、小切手と同様に現金に代わる働きをしますが、手形と小切手では大きな違いがあります。約束手形を例に見ていきましょう。

前ページの小切手の基本的な流れの例では、A社はB社に支払う100万円を持っていて、小切手を振り出す時点では銀行に預けていました。これに対して、次の例のようにC社はB社から商品を仕入れる時点では現金がなく、銀行に預けておけません。そこで、C社は「3カ月後の支払期日に、100万円を取引銀行で支払うことを約束する」と書き、署名した証券（約束手形）をB社に渡すことでB社から商品を仕入れます。そして3カ月の間に資金を用意し、3カ月後にB社に支払います。

＜約束手形の基本的な流れ＞

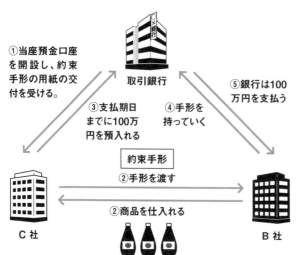

①C社は銀行に当座預金口座を開設し、約束手形の用紙の交付を受ける。

②C社は100万円の商品を仕入れ、その代金を約束手形で支払う。

③C社は支払期日までに100万円を取引銀行に預入れる。

④支払期日が到来し、B社は取引銀行に手形を持っていく。

⑤銀行は手形と引き換えに、C社の預金口座からB社に100万円を支払う。

手形と小切手の違い

このように「いまはお金がないけれど、近い将来確実にお金が入ってくるので、それで支払いができる」というときなどに使うのが約束手形です。

手形と小切手の大きな違いは、小切手は取引をする時点で、支払いに必要な現金を銀行に預けておかなければならないのに対し、約束手形は支払いが先になるので、取引の時点で現金がなくても構わないという点です。

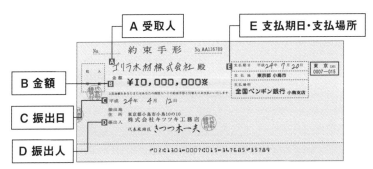

出典：一般社団法人全国銀行協会『動物たちと学ぶ手形・小切手のはなし』

為替手形のしくみ

為替手形は、やや複雑なしくみなので簡単に説明しておきましょう。

為替手形は手形を振り出した人が、特定の人に対して、自分の代わりに記載した金額を支払うことを依頼するため証券のことです。もっと簡単にいえば、為替手形は、「自分の代わりに支払ってください」と頼むものといえます。

約束手形は、振出人と受取人の2者の間で行う取引で用いられる手形でしたが、為替手形は3者の間で行われる取引で用いられる手形です。

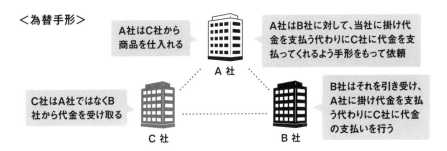

Part 3 会社の在庫とお金——在庫管理とキャッシュフローの数字　121

確認問題Ⅲ

1）期末に棚卸を行った結果、棚卸高と仕入高は次のとおりであった。当期の売上原価はいくらか。

期首商品棚卸高	88万円
当期商品仕入高	240万円
期末商品棚卸高	92万円

2）対象とする期間の売上高と平均在庫は次のとおりであった。商品回転率はいくらか。

売上高	320万円
平均在庫	80万円

［解答＆解説］

1）解答　**236万円**

88万円＋240万円－92万円＝236万円

2）解答　**4回転**

320万円÷80万円＝4（回転）

Part 4

会社の経済環境
―景気・物価・金利と株式の数字―

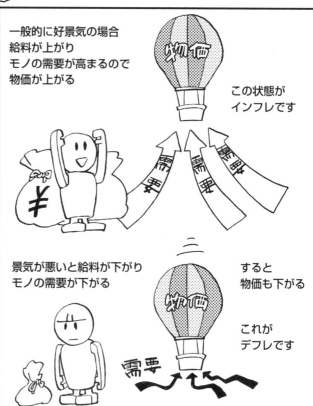
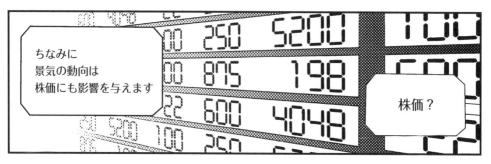

……

それが？

カレーパウダーが売れないのもそれが原因で

えっ…だから景気が悪いから

関係ないっすよ景気がいいとか悪いとか

そんな外部的な要因を理由に何もしなかったら衰退する一方でしょ

俺に言わせれば現実逃避です

景気が上向くのを願うしかありません

田無さんのせいじゃありません

だったら何か具体的な方法があるとでも？

なんですかそれ…

きっとあります…

あるって…信じています！

01 景気がよい、景気が悪いとはどういうことか？

⇨ 景気は経済活動全般の動き

　一般に、**景気**がよいとか、**景気**が悪いという言い方をしますが、どんな状態のことなのでしょう？

　そもそも景気とは、売買や取引などの経済活動全般の動き、その勢いのことをいいます。景気がよい＝好景気とは、商品やサービスがどんどん売れて会社の利益が上がり、個人の所得が増える状態です。好景気では世の中のお金の流れがよく、経済活動が活発です。

　一方、景気が悪い＝不景気とは、商品やサービスがあまり売れず会社の利益が下がり、個人の所得が減っていく状態です。不景気では世の中のお金の流れが悪く、経済活動も停滞しています。

　この経済活動の状態は、常に変化しています。つまり、景気はよくなったり、悪くなったりを繰り返しているわけです。

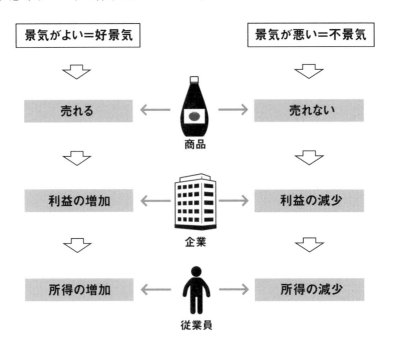

⇨ 景気は循環する

　景気はよい状態もあれば、悪い状態もあると説明しましたが、基本的には、好景気→景気後退→不景気→景気回復という一定のサイクルを繰り返しています。つまり、景気は循環的によくなったり、悪くなったりしているのです。これを**景気循環**といいます。

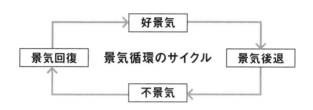

　また、景気がよい、悪いの2つ面から見た場合、景気がもっともよい点を「山」といい、景気がもっとも悪い点を「谷」といいます。そして、「谷」から次の「谷」までを**景気の1循環**といいます。

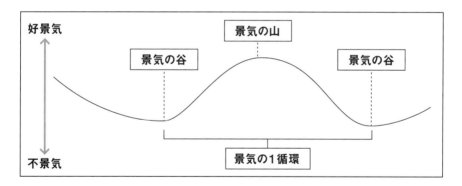

Advice

　この章では経済にかかわる数字がテーマだが、そもそも経済とは何かを確認しておこう。経済とは社会生活を営むための財やサービスの生産・消費・交換（売買）の活動のこと。われわれの生活には、モノやサービスが必要だ。会社がモノやサービスを生産し、人々がそれらを消費するというしくみで成り立っている。人々が暮らしに必要なモノやサービスを交換するしくみが経済ともいえる。そして、その交換を円滑にしているのが「お金」なのだ。

02 景気はなぜ変動するのか？

⇒ 景気循環のメカニズム

　景気はよくなったり、悪くなったりを繰り返すと説明しましたが、なぜ景気は変動するのでしょうか？

　景気の変動はさまざまな要因がからみ合って起きますが、1つのケースについて簡単に説明すると、次のようになります。

　商品やサービスがよく売れて会社の業績がよくなると、従業員の給料（所得）も上がり消費活動が活発になります。つまり好景気の状態です。この好景気が進み、商品やサービスが売れすぎて品薄になっていきます。そうなると商品やサービスの値段は上がっていきます。

　値段が上昇するとともに、多くの商品やサービスが消費者に行き渡るようになると、売れなくなっていきます。商品やサービスが売れなくなっていくと、景気は後退していきます。

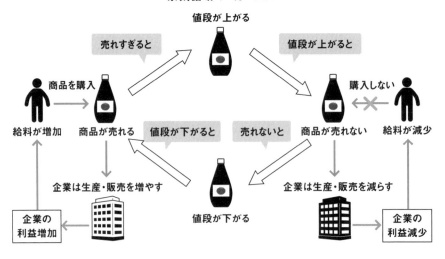

景気循環のメカニズム

　景気が悪くなると、会社は生産を縮小し、従業員の給料も抑えられます。商品やサービスが売れなくなると、値段は下がっていきます。すると、また

徐々に商品やサービスが売れるようになっていきます。そしてだんだんと消費が活発になっていき、景気は回復していく…というように景気は循環しているのです。

⇨ 景気の動向を知るには

このように景気は変動するのですが、景気の動向を知る指標にはいくつかあります。そのうち代表的なものとして、内閣府が発表する**景気動向指数**(けいきどうこうしすう)があります。

景気動向指数は、生産、雇用などさまざまな経済活動での重要かつ景気に敏感に反応する指標の動きを統合することによって、景気の現状把握や将来予測に役立てるために作成された指標です。

景気動向指数には、コンポジット・インデックス（ＣＩ）とディフュージョン・インデックス（ＤＩ）があり、ＣＩとＤＩには、それぞれ次の３本の指数があります。

景気の現状把握には一致指数(いっちしすう)を利用します。先行指数(せんこうしすう)は、一般的に、一致指数に数カ月先行することから、景気の動きを予測する目的で利用します。そして遅行指数(ちこうしすう)は、一般的に、一致指数に数カ月から半年程度遅行することから、事後的な確認に用います。

Advice

ＣＩは構成する指標の動きを合成することで景気変動の大きさやテンポ（量感）を、ＤＩは景気の各経済部門への波及の度合い、簡単に言えば景気の変化の方向性を測定することを主な目的としている。

以前はＤＩを中心とした公表形態であったが、近年はＣＩを中心とした公表形態に移行されている。

03 景気と物価はどう関係しているのか？

⇨ 景気拡大→物価上昇・景気後退→物価下落

　前項の景気の変動のメカニズムで、商品・サービスの価格について触れましたが、**物価**と**景気**の関係についてさらに見ていきましょう。

　物価の変動は、モノ（商品やサービス）の需要と供給の状況が大きな影響を与えますが、これは景気と密接にかかわっています。

　景気がよくなると所得の増加などによって、モノの需要が高まります。たくさん購入したい人や高くてもいいから購入したいという人が増えるとモノの値段は上がっていきます。反対に景気が悪くなると逆に作用していきます。

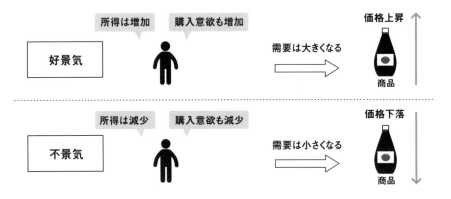

　つまり、景気の拡大期には、モノの需要は高まるので物価は上昇する傾向があり、景気の後退期にはモノの需要が減少するので物価は下落する傾向があるといえるのです。

⇨ なぜインフレ、デフレが起きる？

　いま物価の変動について説明しましたが、物価が継続的に上昇する現象を**インフレーション**（インフレ）、反対に物価が継続的に下落する現象を**デフレーション**（デフレ）といいます。

　なぜインフレが起きたり、デフレが起きたりするのでしょうか。

一般に景気が拡大することによって所得が増加し、モノの需要が高まるので物価は上昇しやすい、これについてはさきほど説明したとおりです。つまり好景気にはインフレが起きやすいのですが、インフレが起きる要因はこれだけではありません。
　たとえば、生産・供給する側のコストが上昇することによってインフレが引き起こされることもあるのです。

　一方、デフレが起きるのは、需要が供給を下回るのが主な原因です。つまり、商品・サービスへの購入欲が低くなり、供給されるモノが余ってくると、会社は値段を下げて売ろうとするので、物価は下がっていきます。
　物価が下がっていくことは、商品を安く買えるのですから、一見よいことのように思えます。しかし、経済全体の需要が下がり、物価が下落していく状態が続くと、経済活動そのものを停滞させてしまう要因となるのです。

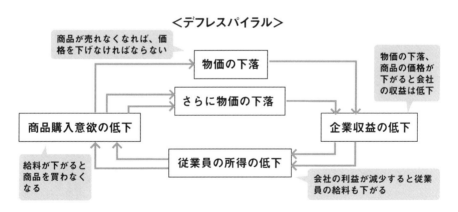

> **Point**
> 　デフレスパイラルとは、物価の下落が不況を招き、さらに物価が下落する悪循環のことだ。景気と物価が互いに足を引っ張り合う形でとどまることなく進む。デフレ現象の悪循環により、経済がらせんを描くように転げ落ちていくような状態からデフレスパイラルという。

04 金利とは何か？

金利とは利息の割合のこと

ここで重要なキーワードについて触れておきましょう。

それは「**金利**」についてです。よく聞く言葉ですが、あらためて金利とはどのようなものなのでしょう？

金利とは、お金の貸し借りの際に生じる「利息（利子）・その割合」のことです。そもそも利息とは、お金のレンタル料、一定期間お金を借りた場合の使用料と考えることができます。お金を「商品」としてとらえているともいえるでしょう。

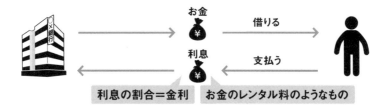

銀行にお金を預けておくと利息がつきます。その割合は金利0.1％、0.2％のように表示されています。

たとえば、100万円を預金して1年後に1,000円の利息がついたとします。この場合の金利は0.1％となります。

> **Point**
> 金利は、お金を運用するとき、借りるときなど、われわれの生活や貯蓄、投資活動においてかかわるが、会社の活動においても密接に関係するものだ。

05 利息はどのように計算するのか？

⇨ 利息のつき方には単利と複利がある

前項の例でもありましたが、銀行にお金を預けておくと利息がつきます。その利息の計算方法について紹介しておきましょう。

利息のつき方、計算方法には**単利**と**複利**の2つがあります。

まず単利ですが、単利とは、最初に預けた元本に対して利息が計算される方法です。単利の場合の元本と利息の合計＝元利合計は、次の計算式で求めることができます。

$$満期時の元利合計　＝　元本　＋　（元本　×　\frac{年利率}{100}　×　預入期間）$$

具体的な例で実際に計算してみましょう。

たとえば、100万円を年率2％で3年間預れた場合の満期時の元利合計（単利）は、次のように計算します。

$$100万円　＋　（100万円　×　\frac{2}{100}　×　3年間）　＝　106万円$$

単利の場合は、毎年の利息の金額は変わりません。この例では、毎年2万円の利息がつき、3年間の合計で6万円の利息となります。

⇨ 複利の計算方法

一方、複利とは、一定期間ごとに支払われる利息を元本に加えて、これを新しい元本として利息が計算される方法です。

Part 4　会社の経済環境——景気・物価・金利と株式の数字　151

複利（1年複利）の場合の元利合計は、次の計算式で求めることができます。

$$\text{満期時の元利合計} = \text{元本} \times \left(1 + \frac{\text{年利率}}{100}\right)^{\text{年数}}$$

たとえば、100万円を年率2％で3年間預けた場合の満期時の元利合計（複利）は、次のように計算します。

$$100\text{万円} \times \left(1 + \frac{2}{100}\right)^3 = 1,061,208\text{円}$$

※半年複利の場合、1年複利の計算式の年利率が「半年利（年利率÷2）」、年数が「年数×2」となる。

単利の計算の例と比較するとわかるように、複利は元本に利息をプラスして利息を計算するので、単利に比べると有利になります。

また、複利には、利息が元本に加えられる期間によって、1年複利、半年複利、1カ月複利があります。他の条件が同じであれば、「1カ月複利＞半年複利＞1年複利」のようになります。つまり、同じ複利でも、利率が同じであれば、利息が元本に加えられる期間が短いほうが有利になるわけです。

Advice

預金の利息には税金がかかる。ここでは利息に対する税金については考慮していない。実際には税金が源泉徴収されるので、この計算のような利息が受け取れるわけではないので注意が必要だ。

06 景気が金利にどう影響を与えるのか？

景気と金利の関係

これまで景気や物価、金利などについて見てきましたが、次に**景気**と**金利**の関係について考えてみましょう。

金利はお金の需要と供給の関係によって変動します。お金の需要が高ければ金利は上昇し、お金の需要が減ってくれば金利は低下していくという関係にあります。お金の需要に影響を与える要因にはさまざまありますが、その大きな要因に景気があります。

景気と金利は、一般に次のような関係にあります。

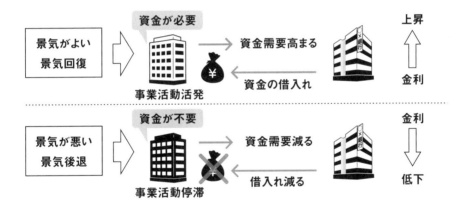

つまり、景気がよくなると、会社の事業活動は活発になり、設備投資などの資金が必要になっていきます。お金の需要が高まっていくので金利は上昇します。一方、景気が後退していくと会社の事業活動は停滞し、設備投資などを控えるようになります。お金の需要は減っていくので金利は下がっていくというわけです。

> **Point**
> 景気と金利は相互に密接に関連して動いている。ただし、現実の経済の動きはそう単純ではない。さまざまな要素が複雑に絡み合いながら動いていることに注意しよう。

07 景気の状態を知るためには？①

⇨ 国内総生産（GDP）とは

　景気・経済がどのような状態なのかは、経済指標等によって知ることができます。すでに景気動向指数については紹介しましたが、経済指標等にはさまざまなものがあります。ここから主だった指標を見ていきましょう。

　新聞やニュースで経済成長率が〇％という報道を見かけることがありますが、この経済成長とはどのようなものなのでしょう？

　経済成長とは、ごく簡単にいうと経済活動がより活発になることですが、それを表す指標となるのが**国内総生産（GDP）**です。これは「一定期間内に国内の経済活動によって生み出された財・サービスの付加価値の総額」のことです。ただし、「付加価値の総額」と聞いてもよくわからないかもしれないので、この付加価値についてさらに詳しく見ていくことにしましょう。

⇨ 付加価値とはどのようなものか

　農家が小麦を生産し、製粉会社が小麦から小麦粉を製造し、パン屋が小麦粉からパンを製造する例で説明していきます。

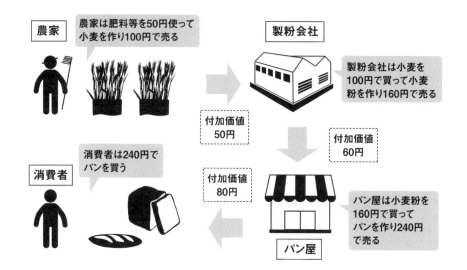

この例で、農家、製粉会社、パン屋それぞれが新たに生み出した付加価値は次のようになります。

農家…小麦100円 − 肥料等50円 = **50円**
製粉会社…小麦粉160円 − 小麦100円 = **60円**
パン屋…パン240円 − 小麦粉160円 = **80円**

付加価値の合計190円

つまり、このケースの付加価値の合計額は190円となります。

このように、一定期間に生み出された「付加価値」を国内の全産業にわたって合算したものがGDPなのです。

⇨ 名目GDPと実質GDP

国内総生産（GDP）には、**名目GDP**と**実質GDP**とがあります。実質GDPは名目GDPから物価変動の影響を除いたものです。つまり、物価変動を考慮して調整したものが実質GDPで、調整していないものが名目GDPです。GDPが名目で増加していても、物価も同時に上昇していれば、実態として経済が成長したとはいえないということになります。ですから、一般に実質GDP成長率の数字を目にすることが多いのです。

> **Point**
> 国内総生産（GDP）が伸びていると、経済は成長していると判断されるが、GDPの伸び率（増減率）を示すものが経済成長率だ。経済成長率は、一国の経済がどの程度成長しているかをみるもので、数字が高ければ経済に勢いがあり、低ければ停滞しているとみなされる。

08 景気の状態を知るためには？②

⇒ 日銀短観とは

引き続き経済指標等について見ていきましょう。
短観、または**日銀短観**という言葉を耳にしたことがあるでしょうか？

日銀短観は、正式名称を「全国企業短期経済観測調査」といいます。日本銀行が行う統計調査であり、全国の約１万社の企業を対象に、四半期ごとに実施しているもので、簡単にいえば企業に対するアンケート調査です。

日銀短観では、企業が自社の業況や経済環境の現状・先行きについてどうみているか、といった項目に加え、売上高や収益、設備投資額といった事業計画の実績・予測値など、企業活動全般にわたる項目について調査しています。

日銀短観のなかでもっとも注目されるのが、**業況判断ＤＩ**です。

業況判断とは、企業の経営者に、経営状態が「良い」「さほど良くない」「悪い」の３つの選択肢から一つを選んでもらうものです。

これを集計して、回答があった企業全体のなかで「良い」と答えた企業の割合から、「悪い」と答えた企業の割合を引いた数字を出します。この数字をＤＩ（ディフュージョン・インデックス）といい、この数字の変化で、企業経営者の景気判断の変化を見ることができるのです。

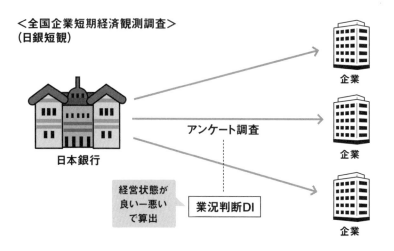

> **Point**
> 日銀短観は、景気の現状と先行きをみるうえで重要な調査となっている。とくに業況判断DIは注目される。

⇨ マネーストック統計とは

つづいて**マネーストック統計**について紹介しておきましょう。

マネーストックとは、「一般法人、個人、地方公共団体などの通貨保有主体（金融機関・中央政府以外）が保有する現金通貨や預金通貨などの通貨量の残高」のことです。もっと簡単にいえば、世の中に出回っているお金の総量のことです。そして、その通貨量の残高を集計したものがマネーストック統計です。

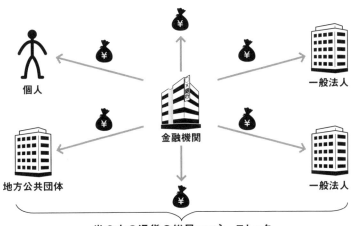

マネーストック統計は、日本銀行を含む金融機関全体から、経済全体にお金がどの程度供給されているかを見るのに利用されています。

> **Advice**
> 世の中のお金の総量であるマネーストックは、経済活動の大きさに応じて変動する。取引されるモノ（財・サービス）に対して、お金の量が増えすぎると、物価が上がる現象（インフレ）を引き起こす。反対に、お金の量が減りすぎると、物価が下がる現象（デフレ）を招くことになる。

09 物価の動向を知るためには？

物価指数とは

次は物価の動向を知るための指標について見ていきましょう。

物価の動きを示す指標として代表的なものに、**消費者物価指数**と**企業物価指数**があります。この2つの指標を説明する前に、物価指数とは何かを考えてみましょう。

私たちは日常生活でさまざまな商品（財・サービス）を購入しています。たとえば、牛肉やキャベツなどの食料品、ワイシャツなどの衣料品、映画観覧料や理髪料などのサービス…というようにです。これらの商品の価格は、高くなったり安くなったりいろいろな動きをします。そこで、平均的な価格変化、つまり物価の動きを見るには、多くの商品の価格の変化を総合して見る必要があるのです。

また、物価が上がった、または下がったというとき、たとえば、昨年と比べて、あるいは先月と比べてどうなったというように、ある時点と比べて考えます。そこで、物価の動きは、比較の基準となる時点を決めて、そのときの物価に対してどの程度上昇または下落したかを比率の形で見ることにしています。

つまり、個々の商品の価格の変化を総合し、物価を比率で表したものが物価指数なのです。

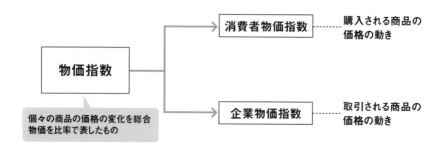

⇨ 消費者物価指数とは

消費者物価指数は、商品・サービスの価格を集計したもので、日常生活で私たち消費者が購入する商品やサービスの価格の動きを総合してみようとするものです。私たちが日常購入する食料品、衣料品、電気製品、化粧品などの商品の価格の動きのほかに、家賃、電話代、授業料、理髪料などのようなサービスの価格の動きも含まれます。

なお、消費者物価指数は総務省が作成しており、CPI（Consumer Price Index）と略称で呼ばれています。

⇨ 企業物価指数とは

企業物価指数は、会社や工場、商店など企業間で取引される商品（財）全般に関する物価の変動を総合的にとらえようとするものです。原則として国内品は企業（生産者）が出荷する段階の価格を、輸出（入）品は企業が輸出（入）する際の通関段階の価格を調査しています。企業物価指数は日本銀行が作成しており、CGPI（Corporate Goods Price Index）と略称で呼ばれています。

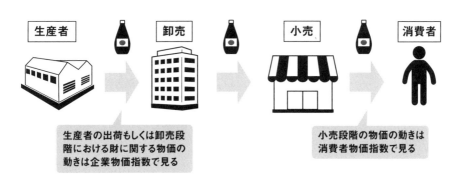

Advice

物価の動きはそれぞれの段階ごとにとらえなければならない。消費者物価指数と企業物価指数とは、調査品目の対象範囲や調査する価格の取引段階が異なるので、2つの指数の動きを比較する際は、対象品目を合わせるなどの注意が必要だ。

10 日本銀行はどのような銀行なのか？その役割は？

日本銀行とは

これまでの説明のなかで日本銀行が何度も登場しましたが、日本銀行とはどのような銀行なのでしょうか？

日本銀行は日本の「**中央銀行**」。中央銀行とは金融の中核となる銀行です。日本銀行の目的は、「わが国の中央銀行として、銀行券（紙幣）を発行するとともに、通貨および金融の調節を行うこと」および「銀行その他の金融機関の間で行われる資金決済の円滑の確保を図り、もって信用秩序の維持に資すること」とされています。そして、日本銀行が通貨および金融の調節を行うにあたり、「物価の安定を図ることを通じて国民経済の健全な発展に資すること」を理念としています。

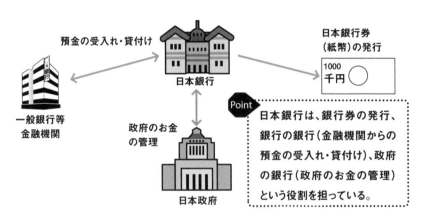

物価安定のための金融政策

物価についてはこれまでに説明してきましたが、インフレやデフレはさまざまな問題を引き起こします。物価の安定は国民の生活にとってとても重要であり、経済の持続的発展にも不可欠です。

そこで日本銀行は中央銀行として、物価の安定のために、**金融政策**を行ないます。金融政策とは、**公開市場操作**（オペレーション）などの手段を用い

て、通貨および金融の調節を行うことです。

公開市場操作(オペレーション)とは?

　公開市場操作(オペレーション)は、日本銀行における金融政策の主な手段です。日本銀行が金融機関との間で国債などの金融資産の売買を行なったりするなどして、市場に資金を供給または吸収して市場の通貨量を調整するのが公開市場操作です。

＜公開市場操作(オペレーション)＞

> **Point**
> 　景気が悪く、物価が下がっていく状態では、金融政策によって世の中に出回るお金の量を増やし、景気によい影響を与えようとする。これを金融緩和という。一方、物価が上がっていく局面では、世の中に出回るお金の量を減らし、物価を抑えて景気を冷やそうとする。これを金融引き締めという。このように金融政策によって、物価を安定させるのだ。

11 そもそも円高・円安とは何か？

⇨ 円の価値が上がる→円高

ここからは**外国為替**(がいこくかわせ)について見ていきます。

そこでまずは「**円安**」「**円高**」について考えてみましょう。ニュースなどでよく耳にする言葉ですが、そもそも円安・円高とはどのような状態なのでしょうか？

簡単にいうと、円高とは、外国の通貨に比べて日本の通貨「円」の価値が高くなることです。反対に円安とは、外国の通貨に比べて「円」の価値が低くなることです。

たとえば、1ドル＝120円が1ドル＝100円になったとします。この場合、円高になったのでしょうか？　それとも円安になったのでしょうか？

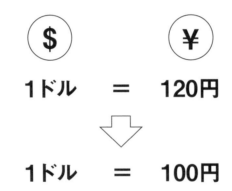

120円から100円に数字が小さくなっているので円安になったと思ったら、それは間違いです。価値が下がっているのはドルのほうなので、この場合は円高となったのです。

1ドル＝120円ということは、円と1ドルを交換するのに120円必要という意味です。それが1ドル＝100円となれば、1ドルと交換するのに100円で済むということになるのです。少ない金額で交換できるということは、円の価値が上がった、つまり円高となったわけです。

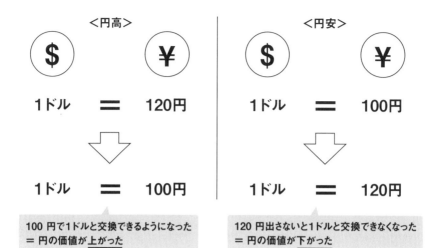

⇒ 外国為替・為替レート

異なる通貨を交換（取引・売買）することを、一般に**外国為替**と呼びます。単に為替という場合も多くは外国為替のことを指しています。

外国と取引する際には、国によって通貨単位が異なることが問題となります。そこで、通貨と通貨を交換する際に、1ドル＝110円などのように交換の比率を決める必要があります。この交換の比率のことを**為替レート**といいます。

Advice

アメリカへ旅行に行き、アメリカで買い物するためにはドルが必要となる。そこで、円とドルと交換しなければならない（＝円でドルを購入する）。1ドル＝100円の場合では、1万円分のドルを購入すると100ドル買えるが、1ドル＝120円では約83ドルしか買うことができない。

　1万円 ➡ 1ドル ＝ 100円 → 100ドル
　1万円 ➡ 1ドル ＝ 120円 → 83.33ドル

つまり、海外旅行に行くときには、円高のほうが得をすることになる。これは個人が海外旅行をする場合の話で、それほど大きな影響はないかもしれない。だが会社の場合はそうはいかない。円高・円安が会社に与える影響はとても大きい。次に見ていくことにする。

12 円高・円安はどのような影響を及ぼすのか？

⇒ 円高・円安の影響

円高・円安は会社や経済にどのような影響を与えるのでしょうか？

実は円高・円安はプラスとマイナスの両面があります。この点について、円とドルの為替レートから考えてみましょう。

たとえば、アメリカとの輸出入において、1ドル＝120円が1ドル＝100円になったとします。つまり円高です。この場合、アメリカから材料や商品を輸入する会社にとっては、これまで100ドルのものを輸入する際に、12,000円必要でしたが、10,000円で済むようになるので、有利になります。

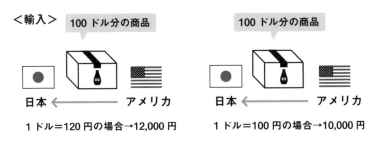

一方、アメリカに商品を輸出している会社にとっては不利に働きます。これまで100ドルのものを輸出する場合、12,000円になっていましたが、10,000円にしかならなくなります。

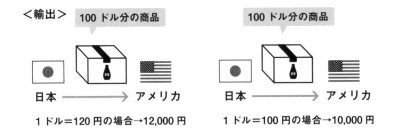

いま円高になったケースを見ましたが、円安になると反対に輸入する会社に不利に、輸出する会社に有利になります。

このように為替レートの変動は、会社に大きな影響を与えることになるのです。

なお、為替レートの変動によって、損をしたり、得をしたりすることがありますが、損をする場合も**為替差損**、もうけが出る場合を**為替差益**といいます。

⇒ 為替相場の変動の要因

為替相場の変動が会社に影響を与えることを説明してきましたが、なぜ為替相場は変動するのでしょう。

為替相場の変動要因にはさまざまなものがあります。景気動向、金利、国際情勢…など複数あります。為替相場の変動要因はさまざまな要素が絡み合っているのですが、基本的に為替の値段は２国間の相対的な力関係によって決まります。簡単にいうと、それぞれの国同士が綱引きをして強い国のほうに引っ張られるというように、強いほうの国の通貨が高くなり、弱いほうの国の通貨が安くなり、値段が決まるということになります。

たとえば、ドル・円相場の場合、アメリカと日本を比べて、アメリカのほうが日本に比べて景気がよければドル高・円安の傾向に、逆にアメリカのほうが日本に比べて景気が悪ければドル安・円高の傾向になります。

Advice

為替レートは常に変動している。輸出入にかかわる会社では、為替レートが変動することによって、大きな損失を被ることもある。そこで、為替レートの変動によるリスクに備えて、「為替予約」などの対策をとる会社も多い。為替予約とは、将来の一定の期日の為替レートをあらかじめ決めておくというものだ。こうしておけば、仮に交換する前に為替レートが大きく変動しても、あらかじめ決めておいた為替レートで交換することができる。このような方法によって、会社はリスクを最小限に抑えているのだ。

13　株式とは？株式会社のしくみとは？

⇨ 株式とはどのようなものか？

　これまでにも**株式**と**株式会社**については触れてきましたが、ここから具体的なしくみについて見ていきましょう。

　株式、一般に「株」と呼ばれるものですが、そもそもどのようなものなのでしょう？

　株式とは、株式会社に出資している株主（社員）の地位を意味するといわれます。たとえば、資本金1,000万円の株式会社を設立するとします。その会社の資本金を1000等分すると、会社に対する地位は1万円単位ごとに分けることができます。出資者はこの単位ごとに出資することになり、仮にある出資者が1万円を出資（購入）した場合、その会社の1000分の1の所有者となるわけです。

　このように株式会社に出資した人のことを**株主**といい、株主は、株式会社の所有者としての地位を複数の人たちで分け合っているといえるのです。

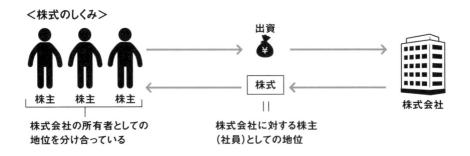

⇨ 株式を発行する理由

　ところで、会社はなぜ株式を発行するのでしょう？

　その答えは、会社が活動していくために必要な資金を集めるためです。会社が商品を作ったりサービスを提供したりするのにはお金が必要です。

　このような会社の活動の元手となる資金を、大勢の個人やほかの会社等か

ら提供してもらい、それを元に事業活動を行ない、利益をあげることを目的とした会社が株式会社なのです。

そして事業活動によって生み出した利益を**配当**という形で株主に還元するというのが、株式会社制度の基本的なしくみです。

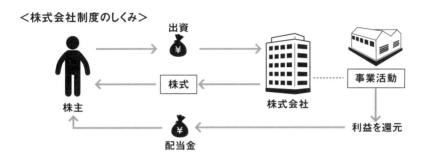

<株式会社制度のしくみ>

⇒ 株式の売買

株式は、会社が事業活動を行なうための資金を集めるために発行されます。会社が活動資金を集めることを資金調達といいますが、この集め方にはいくつかの方法があります。これについては、後ほどくわしく説明します。

資金調達の方法の1つとして、株式の発行があるのですが、株主から集めたお金は株主に返す必要はありません。会社は返済や利子のことを考えずに経営ができるので、お金を借りる場合に比べて好都合です。

それでは、株主は、どうやって会社に出したお金を回収すればよいのでしょうか。

それは、その会社の株式が欲しいという投資家に自分の持っている株式を売却してお金に換えるのです。これが株式の売買です。

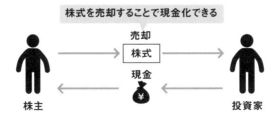

14 株主にはどのような権利があるのか？

⇨ 株主のさまざまな権利

　株式会社に出資して株主になるわけですが、株主にはさまざまな権利があります。

　株主の権利は、その権利としての性質の違いから、大きく**自益権**と**共益権**とに分けることができます。

　自益権とは、株主が会社から経済的な利益を受けることができる権利のことです。そして、共益権とは、会社の管理・運営に参加することができる権利のことです。

　それぞれの権利の内容を図にすると次のようになります。

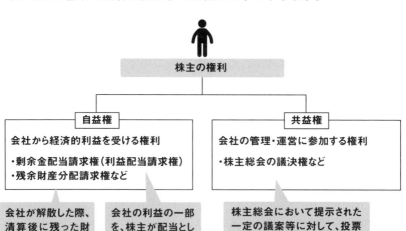

Advice

　株主は、会社に対するさまざまな権利を持つが、その権利・地位は目に見えるものではない。そこで、これを目に見える形にしたのが株券だ。株券は株式の権利を表した証券（紙片）なのだ。ただし、会社法では、株券を発行しないことを原則とし、株券を発行する場合には、とくに定款でその旨を定めることとしている。

⇨ 株主優待というメリット

　株主のメリットの1つとして**株主優待**(かぶぬしゆうたい)があります。株主優待とは、株式会社が一定数以上の自社の株式を保有している株主に与える優待制度のことで、会社が株主に対して自社製品や優待券、サービス券等を無料で提供することをいいます。

　具体的には、デパートやファミリーレストラン、ファーストフード店なら割引券、食品会社なら自社製品、鉄道会社は回数券や全線パス、映画・劇場会社なら招待券や優待券といった具合です。

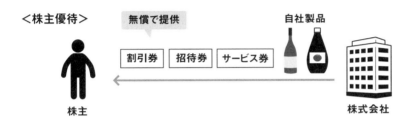

> **Point**
> 　株主優待は、いわば会社が自社株を保有する株主に対する感謝の意味で株主に送るようなもの。株主優待の内容はその企業によってさまざまだ。会社側では、長期で自社株を保有してくれる安定した株主(個人投資家)を増やしたいという狙いもある。また、株主優待によって自社の商品やサービスなどの宣伝にもなり、知名度を上げる効果も期待できる。

⇨ 株主の義務・責任

　いま株主の権利について見てきましたが、株主の義務や責任はどうなっているのでしょう？

「株主の責任は、その有する株式の引受価額を限度とする」と会社法に規定されています。つまり、株主の義務は、引き受けた株式の価額を出資することだけであり、その他の義務は負わないということです。

　たとえば会社が倒産したとしても、株主は株式の価値がなくなることになるだけで、会社の債権者に対しての責任を負うことはないのです。

15 なぜ株価は上がったり下がったりするのか？

⇨ 需要と供給の関係で株価は決まる

　株式市場で売買される株式には、値段がつきますが、その値段のことを**株価**といいます。株価は上がったり、下がったりしますが、どうして変動するのでしょうか？

　簡単にいえば、多くの人が投資したがる株式には高い株価、投資したい人が少ない株式には低い株価がつきます。つまり、需要と供給の関係で株価は決まるのです。

　ただし、株価の変動要因はこれだけではありません。さまざまな要因が絡みます。

　ここでは、主だったものを紹介しておきましょう。

⇨ 景気・企業業績

　一般に、景気がよくなれば企業業績はよくなり、景気が悪くなれば企業業績も悪くなります。

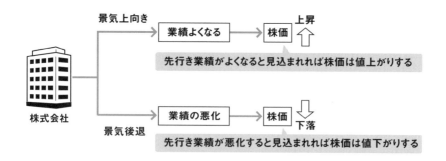

⇨ 金利動向

　市場金利の上昇は株価の下落要因、市場金利の低下は株価の上昇要因となります。

金利が上昇すれば、借入金の金利負担が増加し、会社の収益性は低下し、業績は悪化するので株価は下落傾向となります。また、金利が上昇すると、預貯金などの商品の金利も上昇し、投資家等の資金が株式から預貯金等の金利商品にシフトし、株式の売りの要因となり、株価下落につながります。

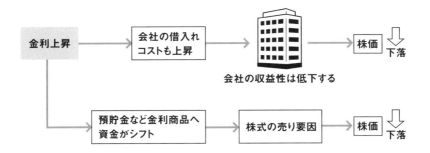

　金利が低下すれば、借入金の金利負担が減少し、企業の収益性は向上し、業績は好転するので株価は上昇傾向となります。また、金利が低下すると、預貯金などの商品の金利も低下し、投資家等の資金が金利商品から株式にシフトし、株式の買いの要因となり、株価上昇につながります。

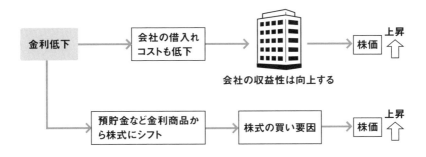

　なお、このほかにすでに触れた外国為替相場などの影響もあります。

Advice

　株価の変動は会社にさまざまな影響を及ぼす。一般に株価の上昇は会社によい影響を与える。株価が上がれば、会社の評価は高まり、銀行等からの信用も上がる。あわせて株主からの支持も高まるといったメリットがある。また、株式を新しく発行して資金を集める「増資」も有利に行なうことができる。

16 株式の投資指標にはどのようなものがあるのか？①

⇨ 株式への投資

株価は上がったり、下がったりすることを説明してきましたが、次は株式に投資するという点から考えていきましょう。

投資（購入）した株式の株価が値上がりし、その株式を売却した場合、売却益（**キャピタルゲイン**という）を得ることができます。反対に投資した株式の株価が値下がりし、仕方なく売却した場合は、売却損が出ることになります。ですから、株式に投資する際には、どの株式（銘柄）に投資するのかが重要な問題となります。

銘柄選択にはさまざまな判断材料がありますが、その投資判断の材料の1つに投資指標があります。投資指標は、企業の状況と現在の株価を分析する指標のことです。

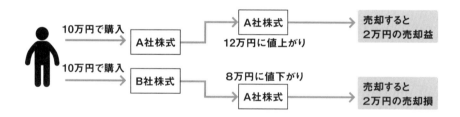

⇨ PER（株価収益率）

PER（Price Earnings Ratio ＝ **株価収益率**）は、株価が1株当たり当期純利益の何倍になっているかを示す指標です。PERは次の計算式で求めます。

| PER（株価収益率）（倍） | ＝ | 株価 | ÷ | 1株当たり当期純利益（EPS） |

	株価	1株当たり当期純利益
A社	1,200円	800円
B社	2,400円	1,200円

＜PER＞ 低いほど割安
A社…1,200円÷800円＝1.5倍
B社…2,400円÷1,200円＝2倍

ＰＥＲは、市場平均や同業他社、またはその銘柄の過去の動きと比較して株価が割高か割安かを判断します。

　ほかの会社や市場全体のＰＥＲと比べて倍率が低ければ、まだ株価が上がる余地があるのではないかという一つの目安となります。反対にあまりにもＰＥＲが高ければ評価のされすぎとの見方から株価の上がる余地はあまりないとみることができます。

　つまり、倍率が低ければ割安、倍率が高ければ割高と判断できるわけです。

Point
　ＰＥＲは絶対的な指標ではない。あくまで相対的な指標としてとらえるべきだ。この数字だけで判断してはならない。

⇒ ＰＢＲ（株価純資産倍率）

　ＰＢＲ（Price Book-Value Ratio＝**株価純資産倍率**）は、株価が１株当たり純資産の何倍になっているかを示す指標です。

PBR（株価純資産倍率）（倍）　＝　株価　÷　１株当たり純資産（BPS）

※ここで使用される「純資産」とは、貸借対照表上の純資産の部から、少数株主持分および新株予約権等を控除した金額。

	株価	１株当たり純資産
A社	1,200 円	1,000 円
B社	2,400 円	800 円

＜PBR＞ 　１倍に近づくほど割安
A社…1,200 円 ÷1,000 円＝1.2 倍
B社…2,400 円 ÷800 円＝３倍

　ＰＢＲが１倍に近づくほど株式は割安であることを示し、ＰＢＲが１倍になると株価と純資産の額が一致することを意味します。つまりＰＢＲ１倍が株価の底値の目安となるわけです（ＰＢＲが１倍を下回ることもある）。

Part 4　会社の経済環境──景気・物価・金利と株式の数字　173

17 株式の投資指標にはどのようなものがあるのか？②

⇨ 自己資本利益率（ROE）

つづけて株式の投資指標について見ていきましょう。

ROE（Return On Equity＝**自己資本利益率**）は、株主が拠出した自己資本（株主資本）でどれだけの当期純利益を上げているかを示すものです。

基本的な考え方としては、ROEの数値が高いほど自己資本を有効に使って当期純利益をあげていることになります。ですから、ROEが高い水準で推移していれば、その会社の将来の収益性や成長性も有望です。そして株主への利益還元も期待できます。

ROE（％）＝ 1株当たり当期純利益 ÷ 1株当たり自己資本 × 100

	1株当たり当期純利益	1株当たりの自己資本
C社	400円	1,600円
D社	600円	4,000円

＜ROE＞
C社…400円÷1,600円×100＝25％
D社…600円÷4,000円×100＝15％

※自己資本…株主資本（株主の出資したお金およびそこから生み出された利益）と評価・換算差額等の合計額

⇨ 配当利回り

株主が投資した金額に対してどれだけの配当金が受け取れるのかという点から株価が妥当かどうかを判断する方法があります。

一般に利回りといえば、投資資金に対する収益のことですが、株式投資の**配当利回り**とは、投資金額、つまり投資時点の株価に対する配当金の割合をいいます。

| **配当利回り(%) ＝ 1株当たりの配当金 ÷ 株価 × 100** |

	株価	1株当たり配当金
C社	1,500 円	30 円
D社	2,000 円	60 円

＜配当利回り＞

C社…30 円 ÷1,500 円 ×100＝2%

D社…60 円 ÷2,000 円 ×100＝3%

　配当金額から企業を評価する指標として配当利回りのほかに、次の
配当性向などがあります。
はいとうせいこう

⇨ 配当性向

　会社が当期純利益のうち何%を配当金として支払っているかを示すのが**配当性向**です。会社が1年間で儲けたお金からどれだけ配当金として株主に還元しているかを見ることができます。

| **配当性向(%) ＝ 1株当たりの配当金 ÷ 1株当たりの当期純利益 × 100** |

	1株当たりの配当金	1株当たり当期純利益
C社	30 円	400 円
D社	60 円	600 円

＜配当性向＞

C社…30 円 ÷400 円 ×100＝7.5%

D社…60 円 ÷600 円 ×100＝10%

　配当性向が低いイコール「悪い会社」とは限りません。なぜなら、会社が成長するには資金が必要なので、次の年度の事業に向けて投資をするために、株主に配当せずに蓄えているのかもしれません。とくに若い急成長中の会社であれば、たくさん資金を使って事業を大きくしたいと考えます。そのような会社の配当性向は低くなる傾向にあるからです。

Point

　株主にとって配当金を多く受け取れるということはうれしいことだが、会社の成長という点を考えると一概に配当金を多くすることが株主のためとはいえない面がある。配当金は当期純利益から支払われ、その残りが会社の将来の設備投資等のために株主資本に積み立てられることになる。つまり、配当金を多く支払えば支払うほど、将来への蓄えは少なくなり、設備投資をしようと思ったときには、新たに資金調達しなければならなくなる可能性が出てくるからだ。

18 会社はどのように資金調達するのか？

会社の資金調達の方法

　会社が事業活動を行って、利益を上げるためには、その前提となる資金を集める必要があります。これまでに説明してきた株式の発行もその1つです。会社の資金調達の方法にはさまざまなものがありますが、大きく3つの方法があります。

　3つの方法のなかで、最も分かりやすいのは、**借入れ**、つまり銀行等の金融機関から借金して集める方法です。

　2つ目は、一般の人や会社等から借金をする方法です。この場合は借りたという証拠に**社債**という借用証書のようなものを発行します。社債を発行することによって、多額かつ長期的な資金を調達することができます。社債も借金であることには変わりありませんが、幅広く資金を調達できるというメリットがあります。

　ただし、金融機関からの借入れや社債の発行による資金調達は、借りたお金ですから期限が来たら全額返済しなければなりませんし、お金を借りているのですから利子も毎年支払わなければなりません。

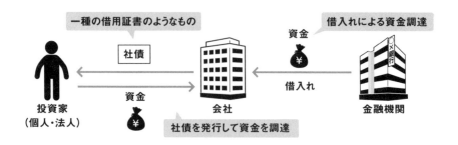

　そして3つ目が**株式**を発行して株主を募る方法です。これについてはすでに説明したとおりです。

> **Advice**
>
> 国、地方公共団体、企業などが一時的に、広く一般の投資家からまとまった資金を調達することを目的として発行するのが債券。債券には、さまざまな種類があり、国が発行するのが国債、企業が発行するのが社債だ。

直接金融と間接金融

前ページで見た資金調達の方法は、**直接金融**と**間接金融**に分けることができます。直接金融は、お金の借り手が貸し手から、直接お金を融通してもらう方法です。株式や社債を発行して投資家などから資金を集めるのが直接金融です。そして、間接金融は、お金の貸し手と借り手の間を銀行が仲介して、間接的にお金を融通する方法です。金融機関などからの借入れが間接金融です。

＜直接金融と間接金融＞

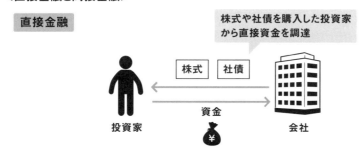

> **Advice**
>
> 株式・債券の発行は、長期の資金調達が可能であり、一般に金融機関からの借入れよりもコストが低い。ただし、中小企業の場合、株式・債券の発行による資金調達は難しい。

✎ 確認問題Ⅳ

1）1年複利、年利率2％で200万円を預け入れた場合、3年後の元利合計はいくらになるか（税金等は考慮しない）。

2）A社はアメリカから100ドル分の商品を輸入している。為替レートが1ドル＝105円から①1ドル＝115円になった場合、②1ドル＝95円になった場合、それぞれいくらの為替差損益となるか（これら以外の条件は考慮しないものとする）。

3）次の資料に基づき、S社の①PER（株価収益率）、②PBR（株価純資産倍率）、③配当利回りを求めなさい。

＜S社の資料＞

株 価	2,400 円
1 株当たり当期純利益	400 円
1 株当たり純資産	1,600 円
1 株当たりの配当金	60 円

［解答＆解説］

1）解答　**2,122,416 円**

2,000,000 円×（1＋0.02）^{3} ＝ 2,122,416 円

2）解答　① **1,000 円の為替差損**　② **1,000 円の為替差益**

1ドル＝105円の場合…100ドル×105円＝10,500円

①1ドル＝115円の場合（円安）…100ドル×115円＝11,500円

10,500円－11,500円＝▲1,000円（為替差損）

②1ドル＝95円の場合（円高）…100ドル×95円＝9,500円

10,500円－9,500円＝1,000円（為替差益）

3）解答　① **6倍**　② **1.5倍**　③ **2.5%**

①PER…2,400円÷400円＝6（倍）

②PBR…2,400円÷1,600円＝1.5（倍）

③配当利回り…60円÷2,400円×100＝2.5（%）

Part 5

会社の分析
─経営分析の数字─

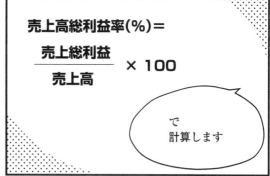

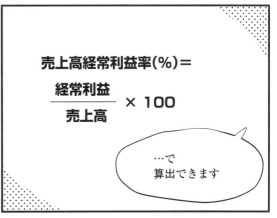

うちのスーパーが
そんなに危ないとは
思っていなかった…

コンサル頼む
くらいだから
売上がやばいとは
思っていたけど…

分析したからこそ
現状が認識できた
ってことです！

えっ

これまで
"なんとなく危ない"
くらいの認識
だったのが

数字が
明確にしてくれた！

今見たのは
会社全体の数字
すべての部門の
収益性などを
徹底的に分析し
改善していきましょう！

まだなんとか
なります！

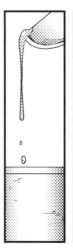

01 なぜ経営分析が必要なのか?

⇒ 経営分析とは

これまでに会社にかかわるさまざまな数字について見てきましたが、Part 5 では最後の仕上げとして**経営分析**について紹介していきます。

そこで、まずは経営分析とはどのようなものかを考えていきましょう。

経営分析を一言でいうと、会社を知ること、会社がどのような状態になっているかを分析・評価することといえます。貸借対照表、損益計算書、キャッシュフロー計算書などから、会社の実力・能力、そして問題点を分析していくのが経営分析です。

〈経営分析〉

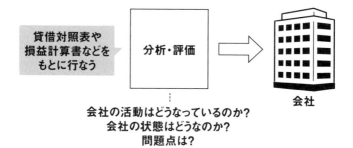

経営分析の指標は数多くありますが、すでに紹介した売上高総利益率(Part 1)や商品回転率(Part 3)、ROE(自己資本利益率)(Part 4)なども経営分析に用いる指標等です。この章では重要かつ基本的な指標等を中心に、次項から見ていきます。

> **Point**
> 経営分析は、これまでに見てきた貸借対照表や損益計算書などをもとに分析を行っていく。だから、貸借対照表や損益計算書の構成を確認しておこう。

⇨ 経営分析の必要性

ところで、なぜ経営分析が必要なのでしょう？

会社の経営において、勘や経験といったものも必要ですが、そればかりに頼っているのは考えものです。時代の移り変わりによって、いままでの勘が鈍ることもあります。過去の経験だけでは時代の変化に対応できないことも出てくるでしょう。

そこで、「数字」を基準にした客観的なものさしにより、自社の現状を正しく把握し、会社の発展のための最適な意思決定を行うために経営分析が必要なのです。

また、取引先の調査などにおいても、経営分析は重要です。Part 2で紹介したように商取引は信用取引によって成り立っていることが多く、現金で即日決済をする業種や取引は限られています。掛け取引や手形決済がよく行なわれますから、取引先の財政事情や経営状態も把握しておかなければなりません。そうしなければ、取引先が突然倒産、売掛金が回収できないなどといった思わぬ損失を被る場合があります。

Advice

ほかにも経営分析はさまざまな場面で役に立つ。たとえばPart 4で見た株式投資を行なう際にも、投資先の企業の経営分析は有効だ。

02 会社の収益性の分析とは？①
もうける力があるか？

⇨ 会社の稼ぐ力を見る

Part 1 から何度も説明してきましたが、会社はもうけを生み出すところです。ですから会社がどれだけもうけを生み出す力があるのかはとても重要です。この会社の稼ぐ力が収益力。そして収益力を見るのが**収益性の分析**です。

売上高に対して、どのくらい利益を生んでいるかを見る指標に**売上高利益率**があります。これは売上高に対する利益の比率です。対象とする利益によって、売上高総利益率、売上高営業利益率などがあります。これらの比率が高いほうが、より利益を上げることができる、収益力が高い会社といえます。

⇨ 売上高総利益率・売上高営業利益率

売上高総利益率は、これまでに何度も登場した指標ですが、とりあえずのもうけの力を示すものといえるでしょう。

$$売上高総利益率(\%) = \frac{売上総利益}{売上高} \times 100$$

売上高営業利益率は、本業の営業活動の状況を示すもので、本業の収益力を判断する指標です。

$$売上高営業利益率(\%) = \frac{営業利益}{売上高} \times 100$$

この値が高い会社ほど、収益性が高く、さらに営業活動も、管理活動も効率的に行なわれていると考えることができます。

⇨ 売上高経常利益率・売上高当期純利益率

売上高経常利益率は、経常的な活動の状況を示すもので、その会社の本来の実力を計る目安としてよく利用される指標です。

$$売上高経常利益率（\%） = \frac{経常利益}{売上高} \times 100$$

売上高当期純利益率は、会社の活動の最終的な利益の比率です。

$$売上高当期純利益率（\%） = \frac{当期純利益}{売上高} \times 100$$

それでは、次の数値を使って各利益率を計算してみましょう。

損益計算書

科目	金額
売上高	5,000
売上総利益	1,200
営業利益	300
経常利益	350
当期純利益	140

売上高総利益率（%）

$$\frac{1,200}{5,000} \times 100 = 24\%$$

売上高営業利益率（%）

$$\frac{300}{5,000} \times 100 = 6\%$$

売上高経常利益率（%）

$$\frac{350}{5,000} \times 100 = 7\%$$

売上高当期純利益率（%）

$$\frac{140}{5,000} \times 100 = 2.8\%$$

Advice

売上高総利益率などの経営分析の指標等は、業種によって数値の傾向が異なる。製造業か小売業かによって異なるし、同じ小売業であってもスーパーと高級品を扱う店では違う。だから比較するときには同業他社の数字と比べるようにする。また、同じ会社の過去の何年間かの数値を比較してみることも必要。数値の変化で経営活動の傾向をつかむことができ、異常な動きがないかを確認できるからだ。

Part 5　会社の分析──経営分析　203

03 会社の収益性の分析とは？②
資本を効率よく使っているか？

➡ 総資本利益率（ROA）

会社の収益性を確認するときに、貸借対照表の資本の数字を使って見る指標が２つあります。

その１つは、会社が現在持っている財産を使ってどれだけ利益を出すことができているのかを表す、**総資本利益率**という指標です。総資本利益率は総資産利益率（ROA ＝ Return On Assets）とも呼ばれます。

総資本とは、他人資本と自己資本の合計（他人資本＝負債、自己資本＝純資産）のことです。

$$総資本利益率(\%) = \frac{当期純利益}{総資本} \times 100$$

総資本経常利益率は、総資本と経常利益の割合を見る指標です。

$$総資本経常利益率(\%) = \frac{経常利益}{総資本} \times 100$$

総資本利益率が高いということは、少ない資本で大きな利益を上げていることになります。つまり、元手である資本は少ないが、大きなもうけを生み出している会社といえます。

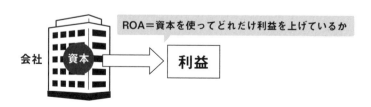

> **Point** 総資本利益率は、資本を効率よく使っているかどうかを見る指標ともいえる。

　たとえば、同業種のA社とB社を比較するとしましょう。A社の利益が200万円、B社の利益が1,000万円であるとします。利益だけに注目するとB社のほうが経営状態がよいように見えます。

　しかし、A社の総資本が1,000万円、B社の総資本が1億円であった場合はどうなるでしょう？

　A社は1,000万円を使って200万円の利益を上げたので、ROAは20％です。一方、B社は1億円を使って1,000万円の利益を上げたので、ROAは10％です。こう見ると、少ない資本でより大きな利益を上げているA社のほうが優れているということになります。

⇨ 自己資本利益率（ROE）

　そしてもう1つ指標は、すでにPart 4で紹介した**自己資本利益率**（ROE）です。自己資本に対してどれだけ利益を出すことができているのかを表している指標です。

$$自己資本利益率（\%）= \frac{当期純利益}{自己資本} \times 100$$

　それでは、総資本利益率と自己資本利益率を計算してみましょう。

損益計算書

科目	金額
売上高	5,000
売上総利益	1,200
営業利益	300
経常利益	350
当期純利益	140

貸借対照表

資産	負債
	2,400
4,000	純資産（自己資本）
	1,600

総資本 4,000

総資本利益率（％）

$$\frac{140}{4,000} \times 100 = 3.5\%$$

自己資本利益率（％）

$$\frac{140}{1,600} \times 100 = 8.75\%$$

Part 5　会社の分析──経営分析　205

04 会社の収益性の分析とは？③
資本を有効活用しているか？

⇒ 総資本回転率

次に、**総資本回転率**という指標について紹介しましょう。

総資本回転率（総資産回転率）とは、事業に投資した総資本がどれだけ有効に活用されたかを示す指標です。

この総資本回転率も、収益性を見る目安の1つとなります。

$$総資本回転率（回） = \frac{売上高}{総資本}$$

会社に存在するすべての資本が直接的に売上獲得に貢献したと仮定して、売上高が総資本の何倍あるのか（何回転しているか）により企業が調達した総資本の有効活用の度合いを示したものが総資本回転率です。

総資本回転率は、会社の総資本からその何倍の売上を生み出しているかを示している

回転率が高いほど効率的
逆に低いと効率が悪いといえる

なお、売上高利益率に総資本回転率を乗じたものが総資本利益率（ROA）となります。

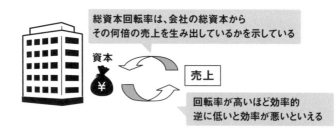

総資本利益率　　　売上高利益率　　　総資本回転率

$$\frac{当期純利益}{総資本} = \frac{当期純利益}{売上高} \times \frac{売上高}{総資本}$$

総資本利益率の計算式に「売上高」を介在させて展開すると、このようになる

次の数値を使って総資本回転率を計算してみましょう。

損益計算書

科目	金額
売上高	5,000
売上総利益	1,200
営業利益	300
経常利益	350
当期純利益	140

貸借対照表

資産	負債
4,000	2,400
	純資産（自己資本）1,600

総資本回転率（回）

$$\frac{5,000}{4,000} = 1.25$$

前ページの展開式にあてはめると、このようになる

＜総資本利益率＞		＜売上高利益率＞		＜総資本回転率＞
$\dfrac{140}{4,000}$	$=$	$\dfrac{140}{5,000}$	$\times$	$\dfrac{5,000}{4,000}$

⇒ その他の回転率

いま回転率について見てきましたが、回転率には売上債権回転率や在庫回転率（商品回転率）などの指標もあります。在庫回転率はPart 3で見たので、売上債権回転率について簡単に紹介しておきましょう。

売上債権回転率とは、会社の売上債権（受取手形や売掛金等）の回収が、どの程度効率的に行われているかを示す比率で、経営の効率性を分析する指標の1つです。

$$売上債権回転率（回） = \frac{売上高}{売上債権}$$

Point
売上債権回転率が高ければ高いほど、掛け売上げから売上債権の回収までの期間が短いことを意味し、効率がよいとされる。

05 会社の安全性の分析とは？①
短期的に安全か？

⇨ 会社の支払能力を分析・流動比率

ここからは会社の**安全性の分析**について見ていきましょう。安全性の分析とは、会社が安定的に経営を続けていけるかどうか？　倒産する危険性がどのくらいあるのか？　を分析するものです。

安全性の分析には、大きく3つありますが、その1つ目は会社の支払能力の分析です。これには**流動比率**と**当座比率**という2つの指標を用います。

流動比率とは短期的な安全性を見る指標で、1年以内に支払期日がくる負債（流動負債）と1年以内に換金可能な資産（流動資産）の比率です。

$$流動比率(\%) = \frac{流動資産}{流動負債} \times 100$$

流動資産と流動負債の比率を見ることで、短期的な支払能力が分かります。

流動資産が流動負債を上回っている、つまり流動比率が100％以上であるということは、短期的な支払能力があり、流動比率が高いほど余裕があって安定しているというわけです。

一方、流動比率が100％を下回るということは、資金がショートする危険性が高いということを意味します。

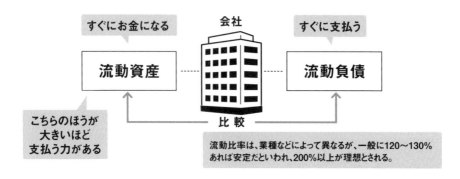

⇨ 会社の支払能力を分析・当座比率

　流動比率よりもシビアに支払い能力の有無を示す指標が**当座比率**です。

　当座比率は、流動資産から在庫の棚卸資産（商品等）などの現金化しにくい資産を除いた当座資産を、流動負債で割った比率です。

$$当座比率(\%) = \frac{当座資産}{流動負債} \times 100$$

　当座資産には棚卸資産を含みません。棚卸資産はそれが販売されて代金が回収されるまでは支払能力がありません。ですから理論的には当座比率のほうが流動比率より厳密な指標といえます。

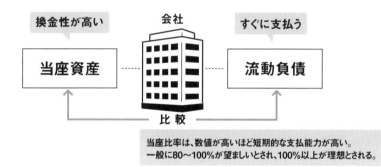

当座比率は、数値が高いほど短期的な支払能力が高い。一般に80～100%が望ましいとされ、100%以上が理想とされる。

　次の数値を使って流動比率と当座比率を計算してみましょう。

06 会社の安全性の分析とは？②
長期的に安定しているか？

⇒ 長期的な支払能力を分析・固定比率

　安全性の分析の2つ目は、会社の長期的な支払能力の分析です。

　会社が購入したモノの代金が負債によってまかなわれ過ぎていると、借金が返せなくなる恐れがあります。

　そこで、**固定比率**と**固定長期適合率**という2つの指標を用いて分析します。

　固定比率は、会社が持っている土地や建物といった固定資産を手に入れるためのお金をどのように集めたかを見るもので、固定資産と自己資本とを比較した指標です。

$$固定比率(\%) = \frac{固定資産}{自己資本} \times 100$$

　固定比率は、固定資産に投資した資金が返済義務のない自己資本でどれだけまかなわれているかを見るための指標です。この比率が100％以下であれば、自己資本のほうが大きいということですから、固定資産は返さなくてよいお金の範囲で購入したのだろうと考えられます。

　逆に100％以上であれば、借金である負債も使って購入したことになります。ですから、固定比率はなるべく100％以内にとどめておくことが理想といえます。

⇨ 長期的な支払能力を分析・固定長期適合率

いま見た固定比率に、返済期間が１年を超える固定負債を加味したものが**固定長期適合率**です。土地や建物など固定資産の購入に、返済期間が長い借入金を使っているかを見る指標です。

$$\text{固定長期適合率（\%）} = \frac{\text{固定資産}}{\text{自己資本} + \text{固定負債}} \times 100$$

固定資産は長期間使用されるものであるため、長期の借入れ、またはそもそも返済義務のない自己資本の範囲内で投資が行われていないと資金繰りを圧迫することになります。ですから、固定資産の金額が自己資本と固定負債の合計額を上回らない状態、つまり固定長期適合比率が100％以下となっていることが望ましいとされます。

次の数値を使って固定比率と固定長期適合率を計算してみましょう。

貸借対照表

	固定負債 1,100
固定資産 2,500	自己資本 1,600

固定比率（%）

$$\frac{2,500}{1,600} \times 100 = 156.2\cdots\%$$

固定長期適合率（%）

$$\frac{2,500}{1,600+1,100} \times 100 = 92.5\cdots\%$$

Advice

　たとえば、銀行から返済期間10年間の融資を受け、耐用年数10年の工場設備1億円を取得すると、工場設備の稼動期間10年間で銀行からの借入れを返済すればよい。だから、返済計画に無理がない。それに対して返済期間１年間くらいの短期借入れで同じ工場設備を取得すると、１年間では到底借入れを返済することができない。その場合、１年経過するごとに融資を受けなければ、借入れを返済できず、資金繰りが苦しくなる。だから、自己資本または長期の借入れで固定資産に投資をしなければならないのだ。

07 会社の安全性の分析とは？③
会社は安全・安定しているか？

⇒ 資金の集め方を分析・自己資本比率

　安全性の分析の3つ目は、お金の集め方の分析です。

　借りてきたお金は、いつか返さなければいけません。返すのが1年後であっても、5年後であっても返すことには変わりなく、返済期限は必ずやってきます。

　そこで、総資本（他人資本＋自己資本）のうち、返さなくてよい資金の割合を示したもので、会社の中長期の安定性を確認する指標として**自己資本比率**があります。

$$自己資本比率(\%) = \frac{自己資本}{総資本} \times 100$$

貸借対照表の右側の合計（総資本）における純資産（自己資本）の割合が自己資本比率

　自己資本比率が高い会社は、長期的に安定した経営がしやすいという特徴があります。もうけを生み出すためには資金が必要です。経営に必要な資金を自己資本でまかなうことができれば、借入れが不要ですから経営の安定感が増します。反対に、自己資本の割合が少ない状態というのは、返さなければならない借入金が増えている状態です。借入れが増えていくと資金繰りが厳しくなっていく危険性が高まります。

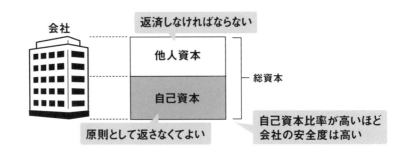

次の数値を使って自己資本比率を計算してみましょう。

なお、通常、大企業の場合は金融機関などからの借入れや社債発行のほか株式発行による資金調達が可能ですが、中小企業の場合は金融機関などからの借入れに依存せざるを得ません。ですから、大企業に比べて中小企業の自己資本比率は一般的に低くなる傾向にあります。

➡ 財務レバレッジ

総資本と自己資本の割合に関する指標に**財務レバレッジ**（レバレッジ比率）があります。レバレッジとは「てこ」という意味ですが、財務レバレッジは総資本を自己資本で割ったものをいいます。つまり、財務レバレッジは自己資本比率の逆数となっています。

$$財務レバレッジ = \frac{総資本}{自己資本}$$

財務レバレッジが高ければ高いほど、自己資本は同じであっても銀行からの借入れなどを活用してより多くの資金を事業に投下しているため事業の効率性は増します。ただしその反面、負債が増加して自己資本比率が下がり、金利負担、返済負担が増加することにより、会社の収益性、資金繰りを圧迫することにもなります。

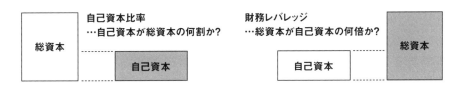

08 会社の成長性の分析とは？
会社は成長しているのか？

⇒ 成長性を測る２つの伸び率

　会社がどのくらい成長しているのか、成長性を測るには、売上高や経常利益の伸び率を見ます。

　売上高伸び率は、売上高の増加で成長性を測定する指標で、簡単にいえば、売上高の前期との比較です。

$$売上高伸び率（\%）\ =\ \frac{当期売上高－前期売上高}{前期売上高}\ \times\ 100$$

　この指標で前期に比べ売上高がどの程度増えているかがわかります。伸び率が大きいほど、成長性に優れているということになります。

　ただし、前期との比較だけではなく、過去５年ぐらい伸び率を比較するべきです。さらに業界の平均や競合他社との比較も大切です。たとえば、業界全体の成長率が５％のときに、自社の成長率が２％では、マイナス成長と考えなければならないからです。

　経常利益伸び率は、経常利益の前期に対する伸び率を表します。

$$経常利益伸び率（\%）\ =\ \frac{当期経常利益－前期経常利益}{前期経常利益}\ \times\ 100$$

　経常利益伸び率を見る場合にも、過去５年ぐらい伸び率や業界の平均、競合他社との比較をしなければなりません。

Advice

設備の増加率や従業員の増加率などによっても、成長性を見ることができる。

09 会社の生産性の分析とは？
資源を有効活用しているのか？

▷ 労働生産性

一般に「ヒト」「モノ」「カネ」の3つが経営資源といわれます。これらの経営資源をいかに効率的に使用して、付加価値（▷ P.41）を生み出したのかを分析するのが**生産性分析**です。つまり、投資した「ヒト、モノ、カネ」といった資源をいかに有効に活用し、付加価値を生み出したかを分析する指標というわけです。

生産性分析でも重要なのが**労働生産性**で、一人当たりどれだけの付加価値を獲得できたかを見るものです。

$$労働生産性 = \frac{付加価値}{従業員数}$$

労働生産性の指標は、高ければ高いほどよく、従業員はそれだけ付加価値を生み出していることを表します。労働生産性を上げることは、社員の給料を上げるためにも、会社の利益を上げるためにも必要不可欠です。

上の計算式を見てわかるように、労働生産性を高めるには、①付加価値を上げるか、②従業員の数を減らすかのどちらかです。ただし、従業員の数を減らすことにはさまざまな問題が絡みます。ですから、①の付加価値をいかに上げるかが大事といえるでしょう。

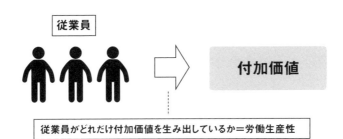

10 損益分岐点分析とは？①
どれだけ売ればもうかるのか？

⇒ コストは変動費と固定費に分解できる

　会社はもうけを生み出すところ。Part 1 で繰り返し説明しましたが、どれだけ売ればもうかるのでしょうか？

　この問題については、**損益分岐点**が解決してくれます。本書の最後に**損益分岐点分析**について見ていきましょう。

　損益分岐点は、「損」と「益」の分岐点。簡単にいえば、「損が出る」か、「もうけが出るか」が分かれるところとなります。つまり、損益分岐点よりも、売上高が上であれば利益が出て、下であれば損失が出るというわけです。

　そこで、損益分岐点を求めていくわけですが、まずはコストの性質について考えていく必要があります。コストについても Part 1 で詳しく説明しましたが、コストは大きく**変動費**と**固定費**の2つに分解することができます。

　変動費とは、売上高に比例してかかるコストです。つまり、売上高が増えていくとコストも増えていくというものです。たとえば、小売業では仕入原価がそうです。製造業であれば材料費などになります。

　固定費とは、売上高に関係なくかかるコストのことです。たとえば、家賃や人件費がそうです。売上高が増えても減っても、ほぼ一定の金額がかかるものです。

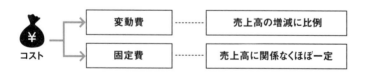

⇒ 固定費は売上高が低くても必ず出ていく

　変動費は、売上高が100万円の場合、1,000万円の場合、それぞれその売上高にほぼ比例してかかってきます。ところが、固定費はそうはいきません。たとえば従業員が3人いれば、その3人の給料は、売上高が100万円の場合

も、1,000万円の場合も同じようにかかるからです。仮に売上高が０円だとしても一定額の人件費は発生します。つまり固定費は、売上高が低くて必ず出ていくお金というわけです。

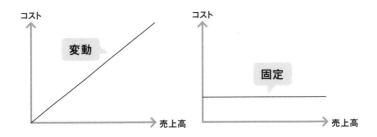

⇨ 損益分岐点はこのように求める

損益分岐点は、いま説明してきた固定費と変動費とによって求めることができます。損益分岐点の考え方を図にすると次のようになります。

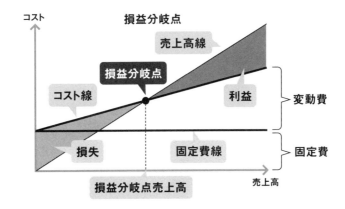

この図は損益分岐点図表（利益図表）といわれるものです。

売上高線とコスト線（総費用線（固定費＋変動費））の交差する点が損益分岐点になります。売上高が損益分岐点を上回ると利益が出ます。逆に売上高が損益分岐点を下回ると損失が発生します。

売上高とコスト（総費用）が一致して利益がゼロとなる売上高のことを損益分岐点売上高といいます。

次に損益分岐点売上高の計算方法について見ていきましょう。

損益分岐点売上高は次のように計算します。

$$\text{損益分岐点売上高} = \frac{\text{固定費}}{1-\text{変動費率}}$$

この計算式の変動費率は、売上高に対する変動費の比率で、次の計算式で求めます。

$$\text{変動費率(\%)} = \frac{\text{変動費}}{\text{売上高}} \times 100$$

⇨ 損益分岐点売上高の計算

それでは、次の例を使って具体的に損益分岐点売上高を計算してみましょう。

- ・売上高 200万円
- ・変動費 　40万円
- ・固定費 120万円

$$\text{変動費率(\%)} = \frac{40万円}{200万円} \times 100 = 20\%$$

$$\text{損益分岐点売上高} = \frac{120万}{1-20\%} = 150万円$$

この売上高でプラスマイナス0

⇨ 限界利益とは

次はこの計算を別の角度から見ていくことにします。売上高から変動費を差し引いたものを
限界利益といいます。限界利益は固定費の回収に貢献する利益といえます。この例では限界利益の160万円が固定費120万円の回収に貢献しています。

売上高	200
変動費	40
限界利益	160
固定費	120
利益	40

218

そして、この限界利益を売上高で割ったものが**限界利益率**です。

損益分岐点の計算式の分母に注目しましょう。「1 − 変動費率」となっています。実は限界利益率は「1 − 変動費率」で表すことができるのです。込み入った計算になっていますが、整理すると次のようになります。

限界利益　＝　売上高　−　変動費

$$限界利益率（\%）＝\frac{限界利益}{売上高}×100$$

限界利益率　＝　1　−　変動費率

$$損益分岐点売上高＝\frac{固定費}{限界利益率}$$

つまり損益分岐点売上高の計算式はこのように表すこともできる

先ほどと同じ例で計算すると、次のようになります。

・売上高 200万円
・変動費　40万円
・固定費 120万円

200万円−40万円＝160万円　限界利益

160万円÷200万円×100＝80%

1−20%＝80%（0.8）

限界利益率

$$\frac{120万}{80\%}＝\ 150万円$$　損益分岐点売上高

売上高	150
変動費	30
限界利益	120
固定費	120
利益	0

損益分岐点売上高では「固定費＝限界利益」となっている

Advice

　どれだけ売れば利益が出るのか、損益分岐点について理解できたところで、次は、どうすれば、もっと利益が出るのか？　について見ていこう。

Part 5　会社の分析──経営分析　219

11 損益分岐点分析とは？②
どうすれば、もっともうかるのか？

⇨ 利益の構造を改革する

　最後は、どうすれば、もっともうかるのか？　つまり利益を増やすためにはどうすればよいのかを損益分岐点で考えてみましょう。

　利益を増やすためには、損益分岐点を下げることが考えられます。損益分岐点の図を見ると分かるように、損益分岐点が低いほど利益がすぐに出る利益構造となるからです。つまり損益分岐点を下げることは、利益の構造を変えることで、利益の構造改革といえるでしょう。

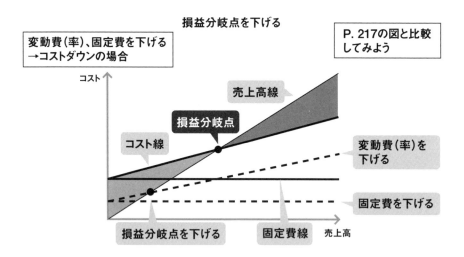

　損益分岐点を下げるには、「変動費（率）を下げる」、「固定費を下げる」というコストを下げる方法があります。つまり**コストダウン**です。そして、もう一つ販売価格を上げるという方法があります。これらの方向から総合的に利益増加の方策を検討していくことになります。

⇨ 余裕を見る安全余裕率

　損益分岐点に対して実際の売上高がどれだけの余裕を持っているかを表す比率に**安全余裕率**があります。

$$安全余裕率(\%) = \frac{売上高 - 損益分岐点売上高}{売上高} \times 100$$

　安全余裕率は、その会社の利益を出し続ける余裕を見ることができるもので、数値が高いほどよいわけですが、安全余裕率を高くするためにも、損益分岐点を下げる必要があります。

⇨ 販売価格を上げる方法に注意

　コストダウンよりも、販売価格を上げる方法のほうが手っ取り早いかもしれません。ただし、価格については Part 1（⇨ P. 33）で見たように設定が難しいものです。消費者としては1円でも安いほうがよいのです。販売価格を上げることによって消費者に敬遠され、かえって売上高が下がるようでは意味がありません。

　そこで商品の販売価格を上げるためには、消費者が納得するように、商品にそれなりの魅力をプラスしなければなりません。商品の魅力を高めるには、たとえば次のような工夫をする必要があるでしょう。

確認問題Ⅴ

1）次の資料に基づき、①売上高総利益率、②売上高営業利益率、③総資本経常利益率、④総資本回転率のそれぞれの経営分析の比率を求めなさい。

   <資料>

売上高	8,000 万円
売上原価	4,400 万円
営業利益	1,200 万円
経常利益	600 万円
総資本	5,000 万円

2）次の資料に基づき、①流動比率、②当座比率のそれぞれの経営分析の比率を求めなさい。

   <資料>

流動資産	1,200 万円 （うち当座資産 800 万円）
流動負債	1,000 万円

3）次の資料に基づき、①固定比率、②固定長期適合率のそれぞれの経営分析の比率を求めなさい。

   <資料>

固定資産	2,700 万円
固定負債	2,200 万円
自己資本	1,800 万円

4）次の資料に基づき、損益分岐点売上高を求めなさい。

   <資料>

売上高	3,200 万円
変動費	2,080 万円
固定費	700 万円

[解答＆解説]

1）解答　①**45%**　②**15%**　③**12%**　④**1.6回**

①売上総利益…8,000万円－4,400万円＝3,600万円

売上高総利益率（%）… $\dfrac{3,600万円}{8,000万円} \times 100 = 45\%$

②売上高営業利益率（%）… $\dfrac{1,200万円}{8,000万円} \times 100 = 15\%$

③総資本経常利益率（%）… $\dfrac{600万円}{5,000万円} \times 100 = 12\%$

④総資本回転率（回）… $\dfrac{8,000万円}{5,000万円} = 1.6回$

2）解答　①**120%**　②**80%**

①流動比率（%）… $\dfrac{1,200万円}{1,000万円} \times 100 = 120\%$

①当座比率（%）… $\dfrac{800万円}{1,000万円} \times 100 = 80\%$

3）解答　①**150%**　②**67.5%**

①固定比率（%）… $\dfrac{2,700万円}{1,800万円} \times 100 = 150\%$

②固定長期適合率（%）… $\dfrac{2,700万円}{1,800万円 + 2,200万円} \times 100 = 67.5\%$

4）解答　**2,000万円**

変動費率（%）… $\dfrac{2,080万円}{3,200万円} \times 100 = 65\%$

損益分岐点売上高… $\dfrac{700万円}{1 - 65\%} = 2,000万円$

Part 5　会社の分析──経営分析　223

お久しぶり

担当を離れて
数ヶ月経ちましたね
お元気でしたか

絵梨さん

もちろんす

ええ スーパーが
カレーうどんを
売るなんて珍しいって
TVでもだいぶ
取り上げてもらって

口コミで県外から
お客様が来てくれる
までになりました

カレーうどん
調子がいい
みたいですね

買い物もしていって
くださるので
売上も急上昇です

狙い通り
ですね！

見てみよう！
ニッコリスーパーの決算書の数字！

これがニッコリスーパーの決算書！

貸 借 対 照 表
（平成○年3月31日現在）

（単位：千円）

売上高との関係で注目

この2つの数字を比較

資産の部		負債の部	
流動資産		流動負債	
現金預金	128,682	買掛金	96,743
売掛金	18,725	短期借入金	687,000
有価証券	1,540	未払法人税等	3,507
商　品	204,882	前受金	17,800
前払費用	2,453	流動負債合計	805,050
貸倒引当金	△192	固定負債	
流動資産合計	356,090	長期借入金	1,798,500
固定資産		退職給付引当金	10,530
有形固定資産		固定負債合計	1,809,030
建　物	367,370		
車両運搬具	27,600	負債合計	2,614,080
備　品	226,850		
土　地	1,844,910	純資産の部	
有形固定資産合計	2,466,730	株主資本	
無形固定資産		資本金	161,650
借地権	60,500	資本剰余金	101,230
無形固定資産合計	60,500	利益剰余金	12,540
投資その他の資産		株主資本合計	275,420
投資有価証券	9,080	評価・換算差額等	
投資その他の資産合計	9,080	その他有価証券評価差額金	2,900
固定資産合計	2,536,310	評価・換算差額等合計	2,900
		純資産合計	278,320
資産合計	2,892,400	負債及び純資産合計	2,892,400

自己資本と固定負債で賄われているか

売上高との関係に注目

2つの数字の比率を見る

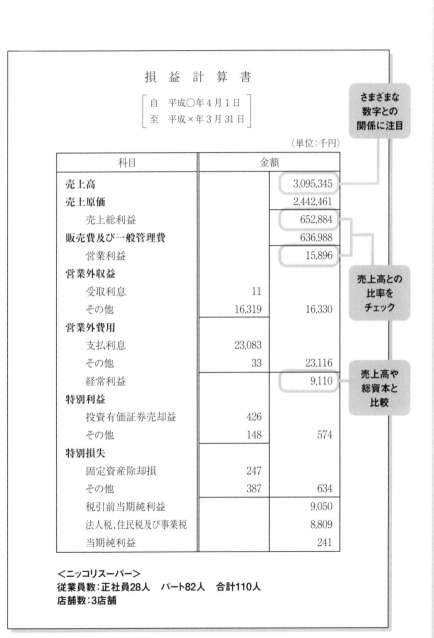

見てみよう！ ニッコリスーパーの決算書の数字

ニッコリスーパーの収益性

まずは収益性について見ていきましょう。

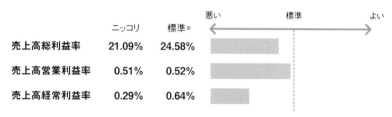

※標準の値は「スーパーマーケット年次統計調査」(日本スーパーマーケット協会・オール日本スーパーマーケット協会・新日本スーパーマーケット協会)、「小企業の経営指標」(日本政策金融公庫)などの数値を基に設定。参考としての数値であり、あくまで目安の1つ。業界の平均値を表しているわけではない。

　売上高総利益率、売上高営業利益率は、ともに標準を下回っており、本業のスーパーマーケットの収益性は高いとはいえません。売上高の増加に取り組んでいくとともに、仕入コストの削減や商品構成の見直しなどを行っていく必要があります。

　さらに、本業以外の収益・費用を加味した売上高経常利益率については、標準を大きく下回っています。借入金に対する支払利息の負担が大きいことが原因と考えられます。あとで詳しく触れますが、借入金の早期返済が求められます。

　田無は最初に人件費を削減することを提案しましたが、とりあえず人件費を削減すれば「販売費及び一般管理費」を圧縮することができます。そうすれば手っ取り早く営業利益を増加させることができますが、無理に人員整理を進めていくのは得策とはいえません。

　人件費について、一人当たり売上高という点から考えてみましょう。

　正社員とパートを合わせて従業員数が110名のニッコリスーパーの場合、一人当たり売上高は次のようになります。

　一人当たり売上高は、標準的な値となっています。年々売上高が減少して

いくなか、むしろ健闘しているほうかもしれません。

　この数値を見る限り、効率が悪いとはいえず、人件費削減よりも、逆に従業員の士気を高め、売上高の向上を図ることのほうが望ましいといえるでしょう。

　ただし、人件費は削らなくても、無駄なコストは削減しなければなりません。「販売費及び一般管理費」は人件費だけではなく、さまざまな費用が含まれています。

科目	金額
売上高	3,095,345
売上原価	2,442,461
売上総利益	652,884
販売費及び一般管理費	636,988
営業利益	15,896

人件費以外にも、水道光熱費、広告費、通信費、旅費交通費、減価償却費などさまざまなコストが含まれている。

　田無は太陽光発電による光熱費削減を提案しましたが、コスト削減の方策の一つといえるでしょう（ただし、設備導入にあたっては資産全体の見直し、借入金の整理等を同時に行なう必要がある）。そして経費を削る以上に環境対策としての効果が期待できます。あわせてレジ袋削減や店舗から発生する廃棄物のリサイクル、店頭で回収する資源のリサイクルなど環境問題への取り組みが求められるでしょう。

　つづいて収益性の分析のなかでも、総資本が有効に活用されているかを判断する指標を見ていきましょう。

　1.07回というニッコリスーパーの総資本回転率は、かなり低い数値といえるでしょう。

　本文（⇨ P. 206）で触れましたが、総資本回転率は、事業に投資した総資本がどれだけ有効に活用されたかを示す指標で、回転率が低いということは

効率が悪いということを示しています。

　ここも売上高をさらに向上させる対策が必要となります。そして、遊休資産（使用・稼働を休止している資産）の事業活用や不要資産の処分などを検討する必要があるでしょう（これもあとで詳しく触れます）。

　そして、もう一つ注目しなければならない指標に、商品回転期間（在庫回転期間）があります。

　商品回転率（在庫回転率）についてはPart 3（⇨ P. 106）で触れましたが、商品回転期間とは在庫回転期間とも呼ばれ、商品（在庫）の管理の効率性を見る指標の一つです。

　この期間が短いほど在庫を持ってから販売されるまでの期間が短いことを意味し、少ない在庫で効率よく売上（収益）を上げていることになります。

$$商品回転期間(月) = \frac{商品^{※}}{(売上高 \div 12\text{カ月})}$$

※正確には(期首棚卸資産＋期末棚卸資産)÷2

　逆に期間が長い場合は、効率が悪いことを示しており、過剰在庫、滞留在庫が存在している可能性を意味しています。

　ニッコリスーパーの商品回転期間は長く、在庫に問題があると考えられます。田無は「よしず」が不良在庫であると決めつけ、廃棄してしまうというミスを犯しましたが、「よしず」以上に問題のある在庫商品が存在している可能性があるでしょう。そしてさらにカレーパウダーで状況を悪化させてしまったわけです。

　在庫管理を徹底すれば、在庫が過剰になっている原因がつかめるはずです。そして、不良在庫をなくし、商品の回転効率を上げることが可能になるでしょう。

　また在庫管理をしっかり行なうことによって、商品構成を見直すことができるようになります。そうすれば売上高の改善にも、収益性の向上にもつながっていくでしょう。

ニッコリスーパーの安全性

つづいて安全性について見ていきましょう。

P.206で触れたとおり、流動比率は短期的な安全性を見る指標で、100%を下回るということは、資金がショートする危険性が高いということを意味します。同様に当座比率も低い数値となっており、ニッコリスーパーは安全性に大きな問題があるといえるでしょう。

流動負債のなかでも、短期借入金が687,000千円という大きな金額になっています。

売上が低迷していく状況のなか、店内の改装、広告宣伝活動、目玉商品の発掘、その他さまざまな取り組みを行ったのかもしれません。しかし、思うように売上が

伸びず、借入れがどんどん膨らんでいったと考えられます。借入れが大きくなればなるほど、金利（支払利息）の負担も膨らんでいきます。そうすると、収益性（利益率）も悪化していきます。

ですから、この短期借入金を大きく圧縮する必要があります。早期に借入金の使途を見直し、資金計画を立て直すことが求められるでしょう。

次に長期的な支払能力について見ておきましょう。

固定長期適合率は100%以下となっていることが望ましいとされます。こ

の数値が100％を超えると、資金調達が不安定な状態となり、資金繰りを圧迫する恐れがあります。流動負債を固定負債に振り替える、または不要固定資産を減らすなどの対策を検討すべきですが、ニッコリスーパーの場合、長期借入金（固定負債）も大きな金額となっているので、固定資産の活用や処分を優先的に考えるべきでしょう。

　現状のニッコリスーパーは、短期借入金、長期借入金ともに大きな金額となっており、借入れが過大であると考えられます。

　長期借入金は、過去の売上が好調な時期に、土地や建物を取得したことによるものなどと考えられますが、現状では大きな負担となっています。不要な固定資産を売却し、その売却代金を借入金の返済に充てることによって、借入金の金額を削減したいところです。

　仮に土地の一部を売却し、その売却代金を短期借入金と長期借入金の返済に充当した場合、流動比率、当座比率、固定長期適合率は次のようになります。

資産の部			負債の部			
流動資産			**流動負債**			一部を返済
現金預金	128,682		買掛金	96,743		
売掛金	18,725		短期借入金	57,000		
有価証券	1,540		未払法人税等	3,507		
商　品	204,882		前受金	17,800		
前払費用	2,453		**　流動負債合計**	**175,050**		
貸倒引当金	△192		**固定負債**			
**　流動資産合計**	**356,090**		長期借入金	1,628,500		**流動比率** 44.23% →**203.42%**
固定資産			退職給付引当金	10,530		
**　有形固定資産**	一部を売却		**　固定負債合計**	**1,639,030**		
建　物	367,370		**負債合計**	**1,814,080**		**当座比率** 18.31% →**85.09%**
車両運搬具	27,600		純資産の部			
備　品	226,850		**株主資本**			**固定長期 適合率** 121.51% →**90.56%**
土　地	1,044,910		資本金	161,650		
**　有形固定資産合計**	**1,666,730**		資本剰余金	101,230		
**　無形固定資産**			利益剰余金	12,540		

　これは仮に土地の一部を売却した例であり、このようにうまく売却できるとは限りませんが、土地以外の資産を含め、資産構成全体を見直す必要があ

るといえるでしょう。

　なお、会社の中長期の安定性を確認する指標である自己資本比率は、ニッコリスーパーの場合、現状では9.62%となっています。15 〜 20%程度が目安になるので、やや低めの数値となっています。ただし、自己資本比率については、これまで指摘してきた問題点を改善することによって数値は高くなるでしょう。先ほどの仮に土地を売却した例で計算すると13.30%になります。

分析結果と対策

　ここまでニッコリスーパーの経営・財務の状態を分析してきましたが、大きくまとめると、在庫管理の問題、コスト管理の問題、資金管理の問題、固定資産の問題などが、収益性と安全性の低下の原因となっていると考えられます。現状よりも売上高が高かったときには、あまり問題とされず、見過ごされてきたのかもしれません。しかし、現状のニッコリスーパーではこれらの問題が命取りとなります。

　以上の分析の結果から必要な対策をまとめると次のようになります。

> ●**売上改善・在庫管理の徹底**…綿密な在庫管理を行い、不良在庫をなくす。あわせて商品構成を見直し、収益性を向上させるとともに売上高アップにつなげる。
>
> ●**コスト削減対策**…無駄な経費を削減し、さらなる環境対策に取り組み、コスト削減とイメージ向上を目指す。
>
> ●**短期借入金の圧縮**…短期借入金を圧縮し、経営の安全性を高める。借入金に対する支払利息を削減することによって利益率を高める。
>
> ●**固定資産の活用と処分**…資産構成を見直し、遊休固定資産の活用を検討するともに、不要な固定資産を処分する。固定資産の売却代金を借入金の返済に充てる。

　ニッコリスーパーは「カレーうどん」の成功のおかげで来店客数を大幅に伸ばし、売上高を増加させることができました。

　今後、さらに会社の収益性を向上させ、安全性を確保していくためには、上記のような対策等が必要といえるでしょう。

見てみよう！　ニッコリスーパーの決算書の数字　237

参考文献

『知識ゼロからの会社の数字入門』弘兼憲史　前田信弘著　幻冬舎

『図解　会社の数字　基本と常識』大石幸紀著　西東社

『ダンゼン得する　知りたいことがパッとわかる　会社の数字がよくわかる本』平井孝代著
ソーテック社

『この1冊ですべてわかる　経営分析の基本』林總著　日本実業出版社

『会社の数字に強くなる本』石上芳男　かんき出版

『ゼロから始める会社の数字入門』五島洋著　小宮一慶監修　KADOKAWA

『Q&A　経営分析の実際』川口勉著　日本経済新聞社

『〈図解〉決算書を読みこなして経営分析ができる本』高下淳子　日本実業出版社

『これだけは知っておきたい「ビジネス数字」の常識』椿勲公認会計士事務所著　フォレスト
出版

『会社の数字の意味を知る技術』金児昭著　あさ出版

『[会社法対応]図解　決算書が面白いほど読める本』黒澤秀晟著　中経出版

『決算書はここだけ読もう』矢島雅己　弘文堂

『知識ゼロからの会社のしくみ』前田信弘著　幻冬舎

金融庁ホームページ

内閣府ホームページ

日本銀行ホームページ

中小企業庁ホームページ

一般社団法人全国銀行協会ホームページ

日本政策金融公庫ホームページ

「スーパーマーケット年次統計調査　報告書」
　　　一般社団法人　日本スーパーマーケット協会
　　　オール日本スーパーマーケット協会
　　　一般社団法人　新日本スーパーマーケット協会

【著者紹介】

前田信弘（まえだ のぶひろ）

経営コンサルタント。ファイナンシャル・プランナー（1級ファイナンシャル・プランニング技能士、CFP®）。長年にわたり、経営、会計、金融、マーケティングなど幅広くビジネス教育に取り組むとともに、さまざまなジャンルで執筆・コンサルティング活動を行う。主な著書に『マンガでやさしくわかる日商簿記3級』『ボキトレ日めくりドリル日商簿記3級』『簿記一年生』（日本能率協会マネジメントセンター）、『知識ゼロからの会社の数字入門』『知識ゼロからのマーケティング入門』『知識ゼロからの会社のしくみ』（幻冬舎）、『一発合格！FP技能士3級完全攻略テキスト』をはじめとした「一発合格！FP技能士シリーズ」（ナツメ社）などがある。

編集協力／MICHE Company. LLC
シナリオ制作／葛城かえで
作画・カバーイラスト／たかみね駆

マンガでやさしくわかる会社の数字

2016年9月30日　　　初版第1刷発行
2017年5月30日　　　第3刷発行

著　者——前田信弘
　　　　　©2016 Nobuhiro Maeda
発行者——長谷川 隆
発行所——日本能率協会マネジメントセンター
〒103-6009　東京都中央区日本橋2-7-1 東京日本橋タワー
TEL　03（6362）4339（編集）／03（6362）4558（販売）
FAX　03（3272）8128（編集）／03（3272）8127（販売）
http://www.jmam.co.jp/

装丁/本文デザイン——ホリウチミホ（ニクスインク）
印刷所———広研印刷株式会社
製本所———星野製本株式会社

本書の内容の一部または全部を無断で複写複製（コピー）することは、法律で認められた場合を除き、著作者および出版者の権利の侵害となりますので、あらかじめ小社あて許諾を求めてください。

ISBN 978-4-8207-4980-6　C2034
落丁・乱丁はおとりかえします。
PRINTED IN JAPAN

JMAMの既刊書

改訂版
マンガでやさしくわかる
日商簿記3級

前田 信弘 著　絶牙 作画
A5判　320頁

　なかなか理解しづらい日商簿記3級を、マンガと解説・例題でしっかり理解に落とし込む一冊。突如、お荷物子会社の社長へと、実質リストラの出向辞令が下った博美。元の職場に戻る条件として、日商簿記3級合格の指令が与えられ、会話が苦手な揚羽の協力を得ながら、合格を目指します。経営と簿記に悪戦苦闘する成長ストーリーとやさしい本文の解説・例題で簿記の苦手意識がなくなります。
　改訂版では日商簿記の新出題区分に対応しました。